COLLECTION
FOLIO/ESSAIS

Sören Kierkegaard

Le Journal du séducteur

Traduit du danois
par F. et O. Prior
et M. H. Guignot

Gallimard

Sören Kierkegaard est né à Copenhague le 5 mai 1813 et mourut dans cette même ville le 11 novembre 1855.

Le Journal du séducteur *clôt la première partie de l'ouvrage* Enten-Eller *(trad. française,* Ou bien... Ou bien..., *Paris, Gallimard, 1943). Paru en 1843, l'ouvrage était, aux yeux de Kierkegaard, un des fondements de ce qu'il appelait sa « philosophie des stades de la vie » ou « philosophie des sphères d'existence ».*

*Présentant la traduction française d'*Ou bien... Ou bien..., *Frithjof Brandt écrivait : « Kierkegaard distingue trois stades principaux : le stade esthétique, le stade éthique et le stade religieux. L'esthéticien est l'homme qui vit dans l'instant, dans le moment isolé, le moraliste, ou comme on dit en danois, " l'éthicien ", est celui qui vit dans le temps, dans la continuité vitale, et le religieux est celui qui vit en rapport avec l'éternité, c'est-à-dire pour lequel l'instant et le temps, le temporel, n'ont d'importance qu'en rapport avec l'éternité.*

Ou bien... Ou bien... *ne traite que des stades esthétique et éthique; la composition de l'ouvrage peut paraître très simple. Dans son avant-propos, Victor Eremita, l'éditeur fictif, raconte qu'il a trouvé les*

manuscrits dans un vieux secrétaire. Il se rend bien-
tôt compte que ceux-ci proviennent de deux person-
nes qu'il appelle A... et B... En conséquence, il divise
Enten-Eller en deux parties, dont la première ren-
ferme les manuscrits de A..., la seconde ceux de B...
Dans la première partie, nous trouvons un jeune
homme qui est un esthéticien au sens philosophi-
que du mot. Il esquisse, dans une série de huit
essais, la philosophie de l'esthéticisme à laquelle il
adhère. Pour les esthéticiens, la jouissance est le but
de l'existence. Ils vivent dans l'instant et cherchent
le plaisir dans l'instant. A ce stade, il s'agit de se
garder de tout ce qui est lien et devoir, de planer au-
dessus de l'existence, de ne toucher que par une
tangente au cercle de la vie, d'éviter par exemple
l'amitié, le mariage, l'attachement à une profession.
Toute répétition émousse le sentiment. Il faut cons-
tamment chercher le changement et prendre une
attitude arbitraire en face des problèmes de l'exis-
tence. Le plus caractéristique des huit essais est le
dernier : le célèbre Journal du séducteur.

L'esthéticien A... raconte que des huit essais for-
mant la première partie de Enten-Eller, il n'en a
écrit que les sept premiers, tandis que le huitième,
Le Journal du séducteur, est écrit par une de ses
connaissances qu'il nomme Johannès. L'esthéticien
A... n'est donc que l'éditeur du Journal du séduc-
teur. Par conséquent, il est question de deux esthéti-
ciens dans la première partie de Enten-Eller : A... et
Johannès. Quelle est la part de la vie, de la réalité,
de l'élément historique, dans Enten-Eller *?*

L'esthéticien A... n'est qu'une description à la fois
réaliste et poétique de Kierkegaard lui-même, tel
qu'il était dans les années les plus mélancoliques de
sa jeunesse, notamment de 1836 à 1839 environ,

c'est-à-dire de sa vingt-troisième à sa vingt-sixième année. Johannès le Séducteur est, à bien des égards, presque le contraire. Le Séducteur aime la vie. C'est un homme fort et actif. Il est toujours à la chasse du plaisir, il aime la femme, le vin et l'art. Comment se fait-il que Kierkegaard ait réuni ces deux personnages si différents, le mélancolique et le jouisseur, dans la même catégorie : celle des esthéticiens ? La conception que Kierkegaard se fait du "stade esthétique" peut être caractérisée comme négative par rapport au stade éthique et au stade religieux. Ce qu'il y a de commun pour les esthéticiens, c'est qu'ils se tiennent en dehors de la vie éthique, de la vie sociale avec ses obligations et ses devoirs, et en dehors de la vie religieuse, des rapports avec Dieu. Dans la langue moderne, on peut dire que le stade esthétique est a-éthique et a-religieux. Selon Kierkegaard, il y a différents types d'esthéticiens, les trois plus caractéristiques étant symbolisés par ces figures légendaires : Don Juan, Faust et Ahasvérus. Ce qu'ils ont de commun, c'est qu'ils sont tous trois en dehors de la vie éthique et de la vie religieuse. Mais entre eux, ils sont différents. Don Juan représente la jouissance, *Faust* : le doute, *Ahasvérus* : le désespoir. *Pour Kierkegaard, ces trois figures ne constituent pas seulement des types historiques, elles sont des types humains qui se rencontrent également de nos jours et l'on peut, dans la vie réelle, trouver des personnes qui leur ressemblent d'une manière plus ou moins complète. Il semble que Kierkegaard ait de bonne heure conçu l'idée des trois principaux types d'esthéticiens. Dans le* Journal, *il écrivait par exemple en mars 1836 : " Les trois grandes idées (Don Juan, Faust et Ahasvérus) représentent pour ainsi dire la vie en dehors de la religion sous ses* triples tendances, et c'est seulement quand, dans l'existence, ces idées se manifestent dans l'individu et deviennent médiates, qu'apparaissent la vie morale et la vie religieuse. " Il n'est pas douteux que Kierkegaard rattache son propre cas au type d'un Ahasvérus, bien qu'il ne l'ait jamais dit expressément. L'esthéticien A... est un Ahasvérus, en ce sens qu'il représente le désespoir. Mais pourquoi Ahasvérus était-il en dehors de la société et de la religion? Parce qu'il avait été banni par Dieu. Or, c'était précisément la conception de Kierkegaard pendant ses années de jeunesse, parce que, comme Ahasvérus, le père de Kierkegaard avait un jour dans sa misérable enfance blasphémé. Nous le savons de Sören Kierkegaard lui-même et de son frère, l'évêque.

Si Kierkegaard dans Enten-Eller s'est dépeint lui-même dans l'esthéticien A..., un esthéticien qui représente le désespoir, le Séducteur, qui représente la jouissance et par conséquent un tout autre type d'esthéticisme, est lui aussi fondé sur une réalité. Tout porte à croire que Johannès donne une image " idéalisée " du remarquable esthéticien danois P.-L. Möller. Il était né en 1814 et il avait donc un an de moins que Kierkegaard. Pendant des années, Kierkegaard et Möller ont suivi les mêmes cours à l'Université. De bonne heure, P.-L. Möller se fit un nom comme critique littéraire. Il avait également des dons de poète et publia plusieurs recueils de poésies, le premier en 1840 ayant surtout trait à des sujets érotiques. C'était un esprit clair et vigoureux. Dès sa jeunesse, il avait étudié de préférence la littérature française de son époque, et sa principale œuvre, qui lui valut la médaille d'or de l'Université, porte sur la poésie française contemporaine. Quand il lui fallut s'expatrier, il choisit Paris comme lieu de résidence. Il y vécut les dernières années de sa vie, de 1851 à 1865, année où il mourut à l'âge de 51 ans de paralysie générale dans une maison de santé de Rouen. Dans la théorie et dans la vie, il représentait par excellence le type d'esthéticisme que Kierkegaard symbolise dans Don Juan.

Kierkegaard est partout à la recherche de " l'idée ". Sa philosophie traitant des " stades de la vie " n'est pas uniquement une construction. Il s'est appliqué à placer les différentes personnalités de sa connaissance dans des stades déterminés : les stades sont représentés comme des idéalisations desquelles la réalité concrète ne s'approche qu'approximativement. »

Au moment où, dans mon intérêt personnel, je me décide à mettre au net la copie exacte de celle que, le cœur battant, j'ai réussi autrefois à me procurer en la griffonnant en grande hâte, je ne peux me dissimuler qu'une angoisse difficile à maîtriser m'étreint. La situation se présente à mon esprit pleine d'inquiétude comme autrefois, et comme remplie de reproches. Contrairement à son habitude, il n'avait pas fermé son secrétaire et tout ce qu'il y avait dedans était ainsi à ma merci, mais il ne servirait à rien de vouloir embellir ma conduite en me rappelant que je n'ai ouvert aucun tiroir. L'un d'eux était déjà tiré, il s'y trouvait une quantité de feuillets épars et au-dessus d'eux un grand in-quarto, joliment relié. Sur la couverture était collée une vignette blanche sur laquelle de sa propre main il avait noté : *Commentarius perpetuus* Nº 4. Cependant, c'est en vain que je voulus me faire accroire que, si ce côté du livre n'avait pas été en haut, et si ce titre bizarre ne m'avait pas tenté, je n'aurais pas succombé à

9

la tentation, ou que tout au moins j'y aurais résisté. Le titre lui-même était étrange, pas tant en lui-même que par ce qui l'entourait. J'appris en jetant un regard vif sur les feuillets épars qu'ils contenaient des conceptions de situations érotiques, quelques conseils sur ceci ou cela, des projets de lettres d'une espèce toute particulière, dont je pus plus tard apprécier le style nonchalant, mais voulu et artistiquement rigoureux. Lorsque aujourd'hui, après avoir pénétré la conscience artificieuse de cet homme pervers, j'évoque la situation, lorsque avec mes yeux grands ouverts pour toute astuce je m'avance en imagination vers ce tiroir, mon impression est la même que celle que doit éprouver un commissaire de police lorsqu'il entre dans la chambre d'un faussaire, ouvre ses cachettes et dans un tiroir trouve un tas de feuillets épars, ayant servi à des essais d'écriture et de dessins; sur l'un d'eux il y a un dessin de feuillage, sur un autre un parafe, sur un troisième une ligne d'écriture à rebours. Cela lui prouve sans difficulté que la piste est bonne, et sa satisfaction se mêle d'une certaine admiration pour tout ce que cela, à ne pas s'y tromper, implique d'études et de diligence. Je pense qu'à sa place j'aurais d'autres sensations, parce que je suis moins habitué à dépister des crimes et que je ne porte pas l'insigne de policier. Le sentiment de m'être engagé sur un terrain interdit aurait pesé lourdement sur ma conscience.

Comme il en va généralement, je ne fus pas à cette occasion-là moins pauvre d'idées que de mots. Une impresion vous renverse jusqu'à ce que la réflexion se dégage à nouveau et, complexe et agile dans ses mouvements, elle enjôle l'étranger inconnu et s'insinue dans son esprit. Plus la réflexion est développée, plus elle est prompte à se ressaisir, et comme un agent aux passeports elle se familiarise tant avec la vue des types les plus étranges qu'elle ne se laisse pas aisément déconcerter. Or, quoique la mienne, comme je le crois, soit fortement développée, ma première surprise fut énorme; je me rappelle très bien avoir pâli, avoir été près de tomber par terre, et l'avoir craint. Supposez qu'il soit rentré et m'ait trouvé évanoui, le tiroir à la main – ah! une mauvaise conscience peut rendre la vie intéressante.

Le titre du livre, en lui, ne frappait pas mon imagination, je pensais que c'était un recueil d'extraits, ce qui me paraissait tout naturel car je savais qu'il s'était toujours appliqué avec zèle à ses études. Mais le contenu était tout autre. Il s'agissait en effet d'un journal, ni plus ni moins, et tenu avec beaucoup de soin; et bien que, d'après ce que je savais de lui auparavant, un commentaire de sa vie ne paraisse pas tout à fait indiqué, je ne peux pas nier qu'après un premier coup d'œil dans ce journal, le titre n'ait été choisi avec beaucoup de goût et de compréhension, témoignant, sur lui-même et sur la situation, d'une véritable supériorité esthétique et objective. Ce titre est en parfaite harmonie avec tout le contenu. Sa vie a été un essai pour réaliser la tâche de vivre poétiquement. Doué d'une capacité extrêmement développée pour découvrir ce qui est intéressant dans la vie, il a su le trouver et, l'ayant trouvé, il a toujours su reproduire ce qu'il a vécu avec une veine mi-poétique. Son journal, par conséquent, n'est pas historiquement juste ni un simple récit, il n'est pas rédigé au mode indicatif, mais au mode subjonctif. Bien que les détails, naturellement, aient été notés après avoir été vécus, parfois peut-être même assez long-temps après, le récit donne souvent l'impression que tout se passe à l'instant même, la vie dramatique est tellement intense que parfois on croirait que tout se passe devant vos yeux. Il est extrêmement invraisemblable qu'il ait écrit ce journal dans un but particulier; il saute aux yeux qu'au sens le plus strict, il n'avait pour lui qu'une importance personnelle, et l'ensemble, aussi bien que les détails, interdisent de penser que nous avons devant nous une œuvre littéraire, destinée peut-être même à être imprimée. Il est vrai qu'il n'aurait rien eu à craindre pour sa personne en la publiant, car la plupart des noms sont telle-ment bizarres que leur réalité n'est pas proba-ble; il n'y a que les prénoms que j'ai soupçon-nés réels, de sorte qu'il a toujours été sûr lui-même de reconnaître le vrai personnage, tandis que les tiers devaient être induits en erreur par le nom de famille. C'est tout au moins le cas de la jeune fille, Cordélia, que j'ai connue et sur laquelle se porte l'intérêt principal; elle s'appelait en vérité Cordélia, mais non pas Wahl.

Mais comment expliquer alors que le journal ait pris une telle tournure poétique? La réponse n'est pas difficile, c'est parce qu'il avait en propre une nature poétique qui n'était, si on veut, ni assez riche ni assez pauvre pour distinguer entre la poésie et la réalité. La nuance poétique était le surplus qu'il apportait lui-même. Ce surplus était la poésie dont il jouissait dans la situation poétique de la réalité, et qu'il reprenait sous forme de réflexion poétique. C'était la seconde jouissance et toute sa vie avait pour but la jouissance. D'abord il jouissait personnellement de l'esthétique, ensuite il jouissait esthétiquement de sa personnalité. Il jouissait donc égoïstement lui-même de ce que la réalité lui donnait aussi bien que de ce dont il avait fécondé la réalité; dans le second cas sa personnalité était émoussée et jouissait alors de la situation et d'elle-même dans la situation. Il avait toujours besoin, dans le premier cas, de la réalité comme occasion, comme élément; dans le second cas la réalité était noyée dans la poésie. Le résultat du premier stade est donc l'état d'âme d'où a surgi le journal comme résultat du second stade, ce mot ayant un sens quelque peu différent dans les deux cas. Grâce à l'équivoque où sa vie s'écoulait, il a ainsi toujours été sous une influence poétique.

Derrière le monde dans lequel nous vivons, loin à l'arrière-plan, se trouve un autre monde; leur rapport réciproque ressemble à celui qui existe entre les deux scènes qu'on voit parfois au théâtre, l'une derrière l'autre. A travers un mince rideau de gaze on aperçoit comme un monde de gaze, plus léger, plus éthéré, d'une autre qualité que celle du monde réel. Beaucoup de gens qui se promènent en chair et en os dans le monde réel ne lui appartiennent pas, mais à l'autre. Se perdre ainsi peu à peu, oui disparaître presque de la réalité, peut être sain ou morbide. Le cas de cet homme tel que je l'ai connu autrefois sans le connaître était morbide. Il n'appartenait pas à la réalité et, cependant, avait beaucoup à faire avec elle. Il passait toujours au-dessus d'elle et, même lorsqu'il s'abandonnait le plus, il était loin d'elle. Mais ce n'était pas le bien qui l'en détournait et, au fond, le mal non plus – aujourd'hui encore je n'oserais pas le dire de lui. Il possédait un peu d'*exacerbatio cerebri* pour lequel la réalité ne disposait pas de stimulant assez fort, sinon fugitif. Il ne succombait pas sous la réalité, il n'était pas trop faible pour la supporter, non il était trop fort; mais cette force était une maladie. Aussitôt que la réalité avait perdu son importance comme stimulant il était désarmé, et c'est en cela que consistait le mal qui existait en lui. Il en était conscient, même au moment du stimulant, et le mal se trouvait dans cette conscience.

J'ai connu la jeune fille dont l'histoire forme la plus grande partie du journal. Je ne sais pas s'il en a séduit d'autres mais, d'après ses papiers, c'est vraisemblable. Il paraît avoir été versé en outre dans une autre espèce de pratique qui le caractérise bien; car il était déterminé trop intellectuellement pour être un séducteur ordinaire. Le journal montre ainsi que parfois c'était quelque chose de tout à fait arbitraire qu'il désirait, un salut par exemple, et il ne voulait à aucun prix recevoir plus, parce que le salut était ce que la personne en question possédait de plus beau. Il a su tenter une jeune fille à l'aide de ses dons spirituels, il a su l'attirer vers lui sans se soucier de la posséder, au sens le plus strict... Je peux me figurer qu'il savait amener une jeune fille au point culminant où il était sûr qu'elle sacrifierait tout pour lui. Mais les choses ayant été poussées jusque-là, il rompait, sans que de son côté les moindres assiduités aient eu lieu, sans qu'un mot d'amour ait été prononcé, et encore moins une déclaration d'amour, une promesse. Et pourtant, une impression avait été créée, et la malheureuse en gardait doublement l'amertume, parce qu'elle n'avait rien sur quoi s'appuyer et parce que des états d'âme de nature très différente devaient continuer à la ballotter dans un terrible sabbat infernal lorsqu'elle se faisait des reproches, tantôt à elle-même en lui pardonnant, et tantôt à lui, et qu'alors elle devait toujours se demander si, après tout, il ne s'agissait pas d'une fiction, puisque ce n'était qu'au figuré qu'on pouvait parler de réalité au sujet de ce rapport. Elle n'avait personne à qui s'ouvrir; car au fond elle n'avait rien à confier. On peut raconter un rêve aux autres, mais ce qu'elle avait à raconter n'était pas un rêve, c'était une réalité, et pourtant, aussitôt qu'elle voulait le rapporter à quelqu'un et soulager son esprit inquiet, elle n'avait rien à dire. Et elle le sentait bien elle-même. Personne, à peine elle-même, ne pouvait saisir ce dont il s'agissait et cependant, cela pesait sur elle avec un poids inquiétant. Ces victimes-là étaient donc d'une espèce toute particulière. Il ne s'agissait pas de jeunes filles qui, rejetées par la société ou se croyant rejetées, se chagrinaient sainement et fortement ou parfois, lorsqu'elles prenaient la chose très à cœur, débordaient en haine ou en pardon. Aucun changement visible ne s'était opéré en elles; leur vie était semblable à celle qu'on voit tous les jours, elles étaient respectées comme toujours et, cependant, elles avaient changé, presque sans qu'elles sachent se l'expliquer, et sans que les autres puissent s'en rendre compte. Leur vie n'était pas brisée ni rompue, comme la vie de celles-là, elle était repliée au-dedans d'elles-mêmes; perdues pour les autres, elles essayaient vainement de se trouver elles-mêmes. Comme on peut dire qu'il était impossible de dépister la route du jeune homme (car ses pieds étaient faits de telle façon qu'ils gardaient l'empreinte qu'ils faisaient – en effet c'est ainsi que je me représente le mieux son intellectualisme infini), on peut dire aussi qu'aucune victime ne fut son fait. Sa vie était beaucoup trop intellectuelle pour qu'il pût être un séducteur au sens ordinaire. Mais il revêtait parfois un corps parastatique et n'était alors que sensualité. Même son aventure avec Cordélia était tellement embrouillée qu'il lui était possible de se présenter comme celui qui avait été séduit, oui, la jeune fille elle-même pouvait parfois être indécise à ce sujet, et là aussi les traces qu'il a laissées sont si vagues qu'aucune preuve n'est possible. Les individus n'ont été pour lui que des stimulants, il les rejetait loin de lui comme les arbres laissent tomber les feuilles – lui se rajeunissait, le feuillage se fanait.

Mais qu'est-ce qui peut se passer dans sa tête? Je pense que, comme il a détourné les autres du bon chemin, il finira par se fourvoyer lui-même. Il a détourné les autres du bon chemin non pas sous un rapport extérieur, mais sous un rapport interne relatif à eux-mêmes. Il est révoltant qu'un homme

dirige sur des sentiers faux un voyageur ignorant le chemin à prendre et le laisse ensuite
seul dans son erreur. Cependant, n'est-il pas
plus révoltant encore d'amener quelqu'un à se
fourvoyer en lui-même? Ledit voyageur a tout
de même la consolation que la contrée présente continuellement un nouvel aspect pour
lui, et qu'avec tout changement d'aspect il
peut espérer trouver une issue; celui qui se
fourvoye en lui-même n'a pas un territoire
aussi vaste où se promener; il sent bientôt
qu'il s'agit d'un cycle d'où il ne peut pas sortir.
Et je pense que c'est ainsi que les choses se
passeront pour lui, mais dans une mesure
beaucoup plus terrible. Je ne peux rien m'imaginer de plus pénible qu'un intrigant dont le
fil se casse et qui alors tourne toute sa sagacité contre lui-même puisque la conscience se
réveille et qu'il s'agit de se démêler de toute
cette confusion. Il ne lui sert à rien d'avoir
beaucoup d'issues à sa tanière de renard : au
moment déjà où son âme inquiète pense voir
la lumière du jour pénétrer dans la tanière,
c'est en vérité une nouvelle entrée qui apparaît et, poursuivi par le désespoir comme un
gibier effaré, il cherche toujours une issue et
ne trouve toujours qu'une entrée, par où il
rentre en lui-même. Un tel homme n'est pas
toujours ce qu'on appellerait un criminel, il
est souvent lui-même déçu par ses intrigues,
et, cependant, un châtiment plus terrible que
celui du criminel s'abat sur lui; car, même la

douleur du repentir, qu'est-elle en comparaison de cette folie consciente? Son châtiment est de caractère purement esthétique; car même dire que la conscience se réveille est une expression trop éthique pour lui; la conscience se présente pour lui seulement comme une connaissance supérieure prenant la forme d'une inquiétude qui, en un sens plus profond, ne l'accuse même pas, mais le tient éveillé, et qui ne lui accorde aucun repos dans son agitation stérile. Il n'est pas non plus insensé; car la foule des pensées finies n'est pas pétrifiée dans l'éternité de la démence.

La pauvre Cordélia, il lui sera difficile, à elle aussi, de trouver le calme. Du plus profond de son cœur elle lui pardonne, mais elle ne trouve pas le repos, car le doute se réveille; c'est elle qui a rompu les fiançailles, c'est elle qui a été la cause du malheur, c'est sa fierté qui aspirait vers ce qui est peu ordinaire. Elle s'est repentie, mais elle ne trouve pas le repos, car les pensées accusatrices la disculpent; c'est lui qui par son astuce avait introduit ce projet dans son âme. Alors elle hait, son cœur se soulage par des malédictions, mais elle ne trouve pas le repos; elle se fait des reproches parce qu'elle l'a haï, elle qui elle-même est une pécheresse, des reproches parce qu'elle-même restera toujours coupable malgré toutes les perfidies auxquelles il se livrait. Il a agi cruellement envers elle en la trompant et on serait presque tenté de le dire – plus cruellement

encore en réveillant en elle la réflexion versa-
tile, parce qu'il lui a donné un développement
assez esthétique pour qu'elle n'écoute plus
humblement une seule voix et qu'elle soit
capable d'entendre à la fois de multiples propos. Le souvenir se réveille alors dans son
âme, elle oublie la faute et la culpabilité, elle
se rappelle les beaux moments, elle est étour-
die dans une exaltation morbide. A ces
moments-là non seulement elle se le rappelle,
mais elle le comprend avec une clairvoyance[1]
qui prouve combien elle a été fortement développée. Alors elle ne voit pas en lui le criminel, ni l'homme noble, son impression de lui
est purement esthétique. Elle m'a écrit une
fois un petit billet dans lequel elle s'exprimait
à son sujet : « Parfois il était tellement intel-
lectuel que je me sentais anéantie comme
femme, à d'autres occasions il était tellement
sauvage et passionné et rempli de tant de
désirs qu'il me faisait presque trembler. Parfois j'étais comme une étrangère pour lui,
parfois il s'abandonnait entièrement; si alors
je jetais mes bras autour de lui, tout pouvait
subitement changer et c'était une nuée que
j'embrassais. Je connaissais cette expresion
avant de le rencontrer, mais c'est lui qui m'a
appris à la comprendre; je pense toujours à lui
lorsque je l'emploie, de même que je lui dois
chacune de mes pensées. J'ai toujours aimé la

1. *Clairvoyance*, en français dans le texte.

musique, il était un instrument incomparable, toujours vibrant et avec une envergure qu'aucun instrument ne connaît; il était la somme de tous les sentiments, de tous les états d'âme, aucune pensée n'était trop élevée pour lui, ni trop désespérée, il pouvait mugir comme une tempête d'automne, il pouvait chuchoter d'une manière imperceptible. Aucune parole de moi ne tombait à terre et je ne peux cependant pas dire que mes paroles ne manquaient pas leur effet, car il m'était impossible de savoir ce qu'il serait. J'écoutais cette musique provoquée par moi-même. C'était avec une angoisse indescriptible, mais mystérieuse, bienheureuse et ineffable que j'écoutais cette musique, que je provoquais moi-même et pourtant ne provoquais pas, mais elle était toujours harmonieuse et il me charmait toujours. »

C'est horrible pour elle et cela sera plus horrible encore pour lui; je l'infère de ce que moi-même je ne peux à peine dominer l'angoisse qui me saisit chaque fois que je pense à ces choses-là. Moi aussi j'ai été entraîné dans ce monde nébuleux, dans ce monde des rêves où à chaque instant on prend peur de sa propre ombre. Souvent j'essaie en vain de m'en arracher, j'y fais cortège comme un spectre menaçant, comme un accusateur muet. Comme c'est étrange! Il a tout enveloppé du plus grand mystère, et pourtant il y a un mystère plus profond encore : je suis un confident et c'est bien de façon illégitime que je le suis devenu. Je ne parviendrai pas à oublier toute cette affaire. Parfois j'ai pensé à lui en parler. Mais à quoi bon? – ou bien il désavouerait le tout, il soutiendrait que le journal n'est qu'un essai poétique, ou bien il m'imposerait le silence, ce qu'étant donné la façon dont je suis devenu confident, je ne pourrais pas lui refuser. Hélas, il n'y a rien sur quoi plane autant de séduction et de malédiction que sur un secret.

J'ai reçu de Cordélia un recueil de lettres. Je ne sais pas s'il est complet, mais je crois me rappeler qu'un jour elle m'a laissé entendre qu'elle en avait elle-même supprimé quelques-unes. J'en ai fait une copie que j'insérerai avec les autres copies mises en net. Il est vrai que ces lettres ne sont pas datées, mais, même si elles l'avaient été, cela ne m'aurait pas beaucoup aidé, puisque le journal, au fur et à mesure qu'il avance, marchande de plus en plus les dates, oui, sauf en un seul cas, il abandonne toute précision à cet égard, comme si l'histoire, bien que représentant une réalité historique, devenait qualitativement tellement importante dans son développement et s'idéalisait tellement que toute chronologie, pour cette raison déjà, était négligeable. Ce qui par contre m'a aidé est qu'en plusieurs endroits du journal on trouve quelques mots dont je n'apercevais pas l'importance dès l'abord. En les rapprochant des lettres j'ai cependant compris qu'ils sont à leur base. Il me sera donc facile de les insérer aux bons endroits, puisque j'insérerai toujours une lettre là où sa raison d'être a été ébauchée. Si je ne m'étais pas aperçu de ces indices, je me serais rendu coupable d'un malentendu, car il ne me serait pas venu à l'idée qu'à différentes époques, comme maintenant le journal le rend probable, les lettres se sont suivies si vite l'une l'autre qu'elle semble en avoir reçu plusieurs le même jour. Si j'avais suivi ma première idée, je les aurais sans doute réparties d'une façon plus égale, et je n'aurais eu aucune idée de l'effet qu'il a produit grâce à l'énergie passionnée avec laquelle il a fait usage de ce moyen afin de maintenir Cordélia sur les sommets de la passion.

Outre les renseignements complets sur ses rapports avec Cordélia, le journal contenait quelques petites descriptions intercalées parmi le reste. Il a partout signalé ces descriptions par un *nota bene* dans la marge. Elles n'ont aucun rapport avec l'histoire de Cordélia, mais elles m'ont donné une idée vive du sens d'une expression dont il se servait souvent, et qu'auparavant je comprenais autrement : il faut toujours avoir une ligne prête à prendre le poisson. Si un volume précédent de ce journal était tombé entre mes mains, j'aurais probablement trouvé plusieurs autres de ces descriptions qu'il appelle quelque part en marge : *actiones in distans*; car il dit lui-même que Cordélia occupait trop son esprit pour avoir le temps nécessaire de songer à autre chose.

Peu après avoir abandonné Cordélia il reçut d'elle quelques lettres qu'il a renvoyées sans les ouvrir. Ces lettres se trouvaient parmi celles que Cordélia m'a confiées. Elle les avait décachetées et je pense pouvoir me permettre d'en prendre copie aussi. Elle ne m'a jamais parlé de leur contenu, mais en faisant allusion à ses rapports avec Johannes, elle avait l'habitude de citer quelques petits vers de Gœthe, autant que je sache, qui par rapport à la diversité de ses états d'âme et au ton différent qu'ils conditionnaient, semblaient signifier plusieurs choses :

Gehe,
Verschmähe
Die Treue,
Die Reue
Kommt nach[1].

---

1. En allemand dans le texte : Va, dédaigne la fidélité, le regret viendra ensuite.

Voici les lettres :

Johannes!

Je ne t'appelle pas « mon » Johannes, car je sais bien que tu ne l'as jamais été; j'ai été assez durement punie pour avoir laissé mon âme se délecter à cette idée; et pourtant, je t'appelle mien; mon séducteur, mon trompeur, mon ennemi, mon assassin, l'auteur de mon malheur, le tombeau de ma joie, l'abîme de mon infortune. Je t'appelle mien et je m'appelle tienne, et de même qu'autrefois cela te flattait les oreilles, toi qui fièrement t'inclinas pour m'adorer, à présent cela doit sonner comme une malédiction sur toi, une malédiction pour toute l'éternité. Ne te réjouis pas en pensant que j'aie l'intention de te poursuivre ou de m'armer d'un poignard pour t'exciter à des moqueries! où que tu fuies, je suis pourtant tienne, va jusqu'au bout du monde, je resterai pourtant tienne, donne ton amour à des centaines d'autres, je suis pourtant tienne, oui à l'heure de la mort je serai tienne. Le langage même dont je me sers envers toi doit te prouver que je suis tienne. Tu as eu l'audace de tromper un être de telle façon que tu es devenu tout pour cet être, pour moi, et que j'aurais infiniment de plaisir à devenir ton esclave, – je suis à toi, je suis tienne, ta malédiction.

Ta CORDÉLIA.

25

Johannes!

Il y avait un homme riche, qui possédait des brebis et des bœufs en très grand nombre; il y avait une pauvre petite fille qui ne possédait qu'une seule brebis mangeant de son pain et buvant de sa coupe. Tu étais l'homme riche, riche de toutes les splendeurs de la terre, j'étais la pauvre fille qui ne possédais que mon amour. Tu l'as pris et tu t'en es réjoui; puis le désir te fit signe et tu sacrifias le peu que je possédais, de tes propres richesses tu ne pus rien sacrifier. Il y avait un homme riche qui avait des bêtes en très grand nombre, des grosses et des petites, il y avait une pauvre petite fille qui ne possédait que son amour.

Ta CORDÉLIA.

Johannes!

N'y a-t-il donc aucun espoir? Ton amour ne se réveillera-t-il jamais à nouveau? car je sais que tu m'as aimée, bien que je ne sache pas ce qui m'en donne l'assurance. J'attendrai, même si le temps me paraît long, j'attendrai jusqu'à ce que tu en aies assez de l'amour des autres, alors ton amour pour moi resurgira du tombeau, alors je t'aimerai comme toujours, comme autrefois, oh! Johannes! comme autrefois! Johannes! ta froi-

deur insensible envers moi représente-t-elle ta
véritable nature, ton amour, les richesses de ton
cœur, n'étaient-ils que mensonge, que fiction,
es-tu redevenu toi-même? Aie patience avec mon
amour, pardonne-moi de t'aimer toujours, je le
sais, mon amour est un fardeau pour toi; mais le
temps viendra où tu retourneras auprès de ta
Cordélia. Ta Cordélia! Ecoute ce mot suppliant!
Ta Cordélia! Ta Cordélia.

Ta CORDÉLIA.

Même si Cordélia n'a pas été à la taille de ce
qui chez elle provoque l'admiration pour son
Johannes, il ressort cependant clairement de
tout qu'elle n'a pas été dépourvue de modula-
tion. Son état d'âme se manifeste clairement
dans chacune des lettres, bien qu'elle ait manqué d'une certaine clarté dans l'expression.
C'est surtout le cas pour la seconde lettre, où
on devine, plutôt qu'on ne comprend, ses
pensées, mais pour moi cette imperfection la
rend d'autant plus émouvante.

4 avril.

Prudence, ma belle inconnue! Prudence!
descendre de carrosse n'est pas chose aisée,
parfois cela équivaut à un pas décisif. Je
pourrais vous prêter une nouvelle de Tieck,
où vous verriez qu'une dame en descendant
de cheval se compromit à tel degré que ce pas
décida du reste de sa vie. Aussi les marche-
pieds des carrosses sont généralement si
maladroitement faits qu'on est presque forcé
de renoncer à toute grâce et, en désespoir, de
risquer un saut qui vous fait tomber dans les
bras du cocher ou d'un valet. Oui, ces gens
sont enviables; je crois vraiment que je vais
essayer de trouver un engagement comme
valet dans une maison où il y a des jeunes
filles; un valet devient aisément confident des
secrets d'une petite damoiselle. – Mais, je vous
en prie, pour l'amour de Dieu, ne sautez pas;
oui, il fait sombre; je ne vous dérangerai pas,
je ne me mettrai que sous ce réverbère, il vous
sera impossible de me voir, et, n'est-ce pas? on
n'est jamais timide que dans la mesure où on
est vu, mais on n'est toujours vu que dans la
mesure où on voit; – donc, par sollicitude
pour le valet, qui peut-être ne serait pas
capable de résister à un tel saut, par sollicitude pour la robe de soie, *item* par sollicitude
pour les franges de dentelles, par sollicitude
pour moi, permettez à ce pied mignon dont

j'ai déjà admiré l'étroitesse, de tâter du monde, courez le risque de vous fier à lui, il saura
bien prendre pied, et si vous frémissez un
instant en pensant qu'il ne réussirait pas à
trouver sur quoi se poser, si vous frémissez
encore après qu'il l'a trouvé, alors avancez vite
l'autre pied, car qui serait assez cruel pour
vous laisser planer dans cette position, qui
serait assez disgracieux, assez lambin pour ne
pas se hâter devant la révélation du beau? Ou
craignez-vous peut-être quelque tierce personne, – le valet sûrement pas, ni moi non plus,
car j'ai déjà bien vu le petit pied, et comme je
suis naturaliste, j'ai appris par Cuvier à en
tirer les conclusions les plus sûres. Dépêchez-
vous donc! Ah, comme cette angoisse ajoute à
votre beauté. Mais l'angoisse en soi n'est pas
belle, elle ne l'est qu'à l'instant où l'on s'aperçoit de l'énergie qui la surmonte. Parfait!
Comme ce petit pied maintenant s'est bien
implanté. J'ai remarqué que les jeunes filles
qui ont de petits pieds savent généralement
mieux s'y tenir ferme que celles qui ont des
pieds plutôt gros de piéton. Qui y songerait?
C'est contre toute expérience; en sautant de
voiture il y a bien plus de chance pour que la
robe s'accroche que lorsqu'on descend tranquillement. Mais aussi, il est bien toujours un
peu grave pour les jeunes filles de se promener en carrosse, elles finiront par y rester. Les
dentelles et les franges sont perdues, et voilà
tout! Personne n'a rien vu; seul se montre le

profil sombre d'un homme, recouvert d'un manteau jusqu'aux yeux; on ne peut pas voir d'où il vient, car la lumière du réverbère vous éblouit les yeux; il vous dépasse au moment où vous vous apprêtez à entrer par la porte de la maison. Juste à l'instant décisif un regard oblique se jette sur un objet. Vous rougissez, votre poitrine s'enfle trop pour pouvoir se vider en un souffle; dans votre regard il y a de l'irritation, un fier mépris; vos yeux, où brille une larme, sont suppliants; larme et prière sont également belles et je les accepte avec un droit égal, car je peux représenter n'importe quoi. Toutefois, je suis méchant – quel peut bien être le numéro de la maison? Qu'est-ce que je vois? Un étalage de bimbeloterie! Ma belle inconnue, c'est peut-être révoltant de ma part, mais je suivrai le chemin éclairé... Elle a oublié le passé, hélas, oui! lorsqu'on a 17 ans, lorsqu'à cet âge heureux on sort pour faire des emplettes, lorsqu'on attache un plaisir indicible à chacun des objets, grands ou petits, qui vous tombe sous la main, on a l'oubli facile. Elle ne m'a pas encore vu; je me trouve à l'autre bout du comptoir, très loin, à l'écart. Un miroir est suspendu sur le mur opposé, elle n'y pense pas, mais le miroir y pense. Avec quelle fidélité n'a-t-il pas su saisir son image; il est comme un humble esclave qui prouve son attachement par la fidélité, un esclave pour lequel elle a de l'importance mais qui n'a aucune importance pour elle, qui ose bien la

30

comprendre, mais non pas la prendre. Ce malheureux miroir qui sait bien saisir son image, mais non la saisir, ce malheureux miroir qui ne peut pas garder son image dans le secret de ses cachettes en la dérobant à la vue du monde entier, mais qui ne sait que la révéler à d'autres, comme maintenant à moi! Quel supplice pour un homme s'il était ainsi fait. Et pourtant, n'y a-t-il pas beaucoup de gens qui sont ainsi faits, qui ne possèdent rien sauf au moment où ils le montrent aux autres, qui ne saisissent que l'apparence des choses et non pas la substance, qui perdent tout au moment où celle-ci désire se montrer, exactement comme ce miroir perdrait son image si par un seul souffle elle désirait lui ouvrir son cœur. Si un homme était incapable de garder dans son souvenir une image de la beauté, pas même à l'instant de sa présence, il devrait désirer en être toujours éloigné, et jamais trop proche pour voir la beauté de ce qu'il serre dans ses bras, et qu'il ne voit plus, mais qu'il pourrait revoir en s'éloignant, et qui, au moment où il ne peut pas voir l'objet parce qu'il est proche de lui, au moment où les lèvres se joignent pour le baiser, sera tout de même visible pour les yeux de son âme... Ah! comme elle est belle! Pauvre miroir, quel supplice pour vous, mais quelle chance aussi pour vous de ne pas connaître la jalousie. Sa tête, parfaitement ovale, s'incline un peu en avant, ce qui rehausse le front; celui-ci se dresse pur et fier, sans refléter d'aucune manière ses facultés intellectuelles. Ses cheveux foncés cernent tendrement et doucement le front. Son visage est comme un fruit, partout arrondi et replet; sa peau est transparente et mes yeux me disent qu'au toucher elle doit être comme du velours. Ses yeux – oui, je ne les ai pas encore vus, ils sont cachés derrière des paupières armées de franges soyeuses et crochues, dangereuses pour ceux qui cherchent son regard. Sa tête est comme celle d'une madone, imprégnée de pureté et d'innocence; elle s'incline comme la Madone, mais sans se perdre dans la contemplation de l'Unique, et il y a de la mobilité dans l'expression de son visage. Ce qu'elle contemple est la variété, les multiples choses sur lesquelles les somptuosités splendides de la terre jettent un reflet. Elle ôte un gant pour montrer au miroir et à moi une main droite blanche et bien sculptée, comme une œuvre antique, et ne portant aucun ornement, pas même une bague d'or plate à l'annulaire – bravo! – Elle lève les yeux et tout change, tout en ne changeant pas; le front est un peu moins haut, le visage un peu moins régulièrement ovale, mais plus vivant. Elle parle avec le vendeur, elle est gaie, heureuse et loquace. Elle a déjà choisi un, deux, trois objets, elle en prend un quatrième, le tient dans sa main, ses yeux se baissent à nouveau, elle en demande le prix, elle le met de côté sous le gant, il s'agit

sûrement d'un secret, à destination d'un –
d'un fiancé? – mais elle n'est pas fiancée, je
sais hélas! il y en a beaucoup qui ne sont pas
fiancées et qui pourtant ont un flirt, beaucoup
qui sont fiancées et qui pourtant ne connaissent pas l'amour... Faudrait-il que je l'abandonne? Faudrait-il que je la laisse en paix dans sa
joie?... elle s'apprête à payer, mais elle a perdu
son porte-monnaie... elle donne probablement
son adresse, ce que je ne veux pas entendre, je
ne veux pas me priver de la surprise; je pense
bien la rencontrer à nouveau dans la vie, et je
la reconnaîtrai bien, elle me reconnaîtra peut-
être moi aussi, on n'oublie pas si vite mon
regard oblique. Alors, lorsque par surprise je
l'aurai rencontrée là où je ne m'y attendrais
pas, son tour viendra. Si elle ne me reconnaît
pas, si ses regards ne m'en convainquent pas
tout de suite, j'aurai bien l'occasion de la
regarder de côté, et je vous promets qu'elle se
rappellera la situation. Pas d'impatience, pas
d'avidité; il faut jouir à longs traits; elle est
prédestinée, elle sera bien rattrapée.

Le 5 avril.

Voilà qui me plaît : toute seule le soir à
Oestergade. Oui, je vois bien le valet qui vous
suit, et soyez persuadée que je ne vous juge
pas assez mal pour penser que vous vous
promeniez toute seule, croyez-moi, mon expé-

rience ne pouvait pas manquer, dès le premier coup d'œil dans la situation, de me montrer cette grave figure. Mais pourquoi si pressée? On est tout de même un peu anxieuse, on sent un certain battement de cœur qui ne vient pas d'un désir impatient de rentrer, mais d'une crainte impatiente qui pénètre tout le corps avec sa douce inquiétude et qui provoque le rythme accéléré des pieds. – Mais comme c'est délicieux, impayable, de se promener ainsi toute seule – avec le valet derrière vous... On a seize ans, on a beaucoup lu, beaucoup lu de romans bien entendu, et en traversant à tout hasard la chambre des frères on a pu surprendre un mot d'une conversation entre eux et leurs amis, un mot au sujet de Oestergade. Ensuite on a tournaillé plusieurs fois parmi eux afin, si possible, de se mieux renseigner. Mais en vain. Il faut tout de même, comme il sied à une jeune fille déjà grande, qu'on connaisse un peu le monde. Ah, si d'emblée on pouvait sortir suivi du valet. Merci! – il y a papa et maman, regarde la tête qu'ils feraient, et quelle excuse donner? S'il s'agit d'une réception l'occasion n'est pas bonne, elle a lieu un peu trop tôt, car j'entendais August parler de 9 heures, 10 heures; en rentrant, c'est trop tard et le plus souvent on aura alors un sigisbée sur le dos. Jeudi soir, en rentrant du théâtre, serait au fond une excellente occasion, seulement, il faut alors toujours aller en voiture et y empaqueter aussi

Madame Thomsen et ses aimables cousines; si encore on était seule, on pourrait ouvrir la fenêtre et regarder un peu par là. Cependant : *unverhofft kommt oft*[1]. Maman me disait aujourd'hui : je crains que tu n'aies pas fini ce que tu brodes pour l'anniversaire de ton papa, et pour être tout à fait tranquille, va chez ta tante Jette et restes-y jusqu'à l'heure du thé, Jens viendra alors te chercher. Au fond ce n'était pas du tout une idée très agréable, car chez tante Jette on s'ennuie énormément; mais après je dois rentrer seule à 9 heures avec le valet. Et lorsque Jens viendra il pourra bien attendre jusqu'à 10 heures moins le quart, et alors, en route. Oh! si je pouvais rencontrer M. mon frère ou M. August – non tout de même, ce ne serait peut-être pas désirable, car alors je serais probablement accompagnée jusqu'à la maison – merci! la liberté avant tout – mais si je pouvais les apercevoir sans être vue moi-même... Eh bien, ma petite demoiselle, que voyez-vous alors, et que pensez-vous que je vois, moi? D'abord la petite Mütze[2] qui vous va à merveille et qui est tout à fait en harmonie avec la précipitation de votre allure. Ce n'est pas un chapeau, ni un bonnet, plutôt une espèce de capeline. Mais, sûrement, ce n'était pas elle que vous

1. *Unverhofft kommt oft :* En allemand dans le texte : l'imprévu arrive souvent.
2. *Mütze :* En allemand dans le texte : capeline.

portiez ce matin en sortant. Est-ce que le valet vous l'a apportée ou l'auriez-vous empruntée à tante Jette? – Vous êtes peut-être *incognito*. – Il ne faut non plus laisser la voilette couvrir toute la figure lorsqu'il y a des observations à faire. Ou peut-être ne s'agit-il pas d'une voilette mais seulement d'une large dentelle? Les ténèbres ne me permettent pas d'être fixé là-dessus. Mais quoi que ce soit, cela cache la partie supérieure de la figure. Le menton est assez beau, un peu trop pointu; la bouche est petite et elle s'ouvre; cela vient de ce que vous êtes trop pressée. Les dents – blanches comme la neige. C'est très bien comme ça. Les dents ont une importance capitale, elles sont un garde du corps qui se cache derrière la douceur séduisante des lèvres. Les joues flamboient de santé. – Si on penche un peu la tête de côté il serait bien possible de s'insinuer sous cette voilette ou cette dentelle. Prends garde, un tel regard d'en bas est plus dangereux qu'un regard *gerade aus*[1]. C'est comme à l'escrime; et quelle arme est aussi tranchante, aussi pénétrante, dans son mouvement aussi luisante et, grâce à cela, aussi décevante qu'un regard? On marque une quarte haute, comme dit l'escrimeur, et on se fend en seconde; plus l'attaque est prompte à venir, mieux ça vaut. Cet instant est indescriptible. L'adversaire se rend presque compte du coup, il est touché,

1. *Gerade aus :* En allemand dans le texte : direct.

oui, c'est ainsi, mais touché à un tout autre endroit qu'il croyait... Vaillamment elle avance, sans peur et sans reproche. Prenez garde; là-bas vient quelqu'un, baissez la voilette, ne permettez pas à son regard profane de vous souiller; vous n'en avez aucune idée, pendant longtemps il vous serait impossible d'oublier l'angoisse abominable avec laquelle cela vous atteindrait – vous ne le remarquez pas, mais moi je vois qu'il a embrassé la situation. Le valet a été choisi pour premier objet – oui, vous voyez les conséquences de vous promener seule avec le valet. Il est tombé. C'est au fond ridicule, mais qu'est-ce que vous allez faire maintenant? Retourner pour l'aider à se remettre sur pied, cela n'est pas possible, se promener seule est grave. Prenez garde, le monstre s'approche... Vous ne me répondez pas, mais regardez-moi donc, est-ce que ma vue vous donne quelque chose à craindre? Je ne fais aucune impression, je semble être un homme bénin d'un autre monde. Rien dans mes paroles qui vous dérange, rien qui vous rappelle la situation, aucun mouvement qui vous porte atteinte au moindre degré. Vous êtes encore un peu effrayée, vous n'avez pas encore oublié l'élan vers vous de cette figure *unheimliche* [1]. Vous me prenez un peu en affection, ma timidité qui m'interdit de vous regar-

---

1. *Unheimliche :* En allemand dans le texte : inquiétante.

der vous donne la supériorité; cela vous réjouit et vous rassure, vous seriez presque tentée de vous payer ma tête. Je parie qu'à ce moment-ci vous auriez le courage de me prendre sous le bras si l'idée vous en venait... Vous habitez donc à Stormgade. Vous me saluez froidement et rapidement. Est-ce tout ce que j'ai mérité, moi, qui vous ai aidé à vous tirer de tout cet embarras? Vous le regrettez, vous revenez pour me remercier de ma courtoisie, et vous me tendez la main. – Pourquoi pâlir? Ma voix, n'est-elle pas toujours la même, et mon attitude aussi, mon regard, n'est-il pas toujours calme et tranquille? Cette poignée de main? Une poignée de main peut-elle donc signifier quelque chose? Oui, beaucoup, ma petite demoiselle, beaucoup, – avant quinze jours je vous expliquerai tout, jusque-là vous resterez dans la contradiction : je suis un homme bénin, qui comme un chevalier vient en aide à une jeune fille, et je peux aussi vous serrer la main en homme rien moins que bénin.

Le 7 avril.

« *A lundi donc, à 1 heure à l'Exposition.* » Très bien, j'aurai l'honneur de m'y trouver à 1 heure moins le quart. Un petit rendez-vous. Samedi je pris donc mon parti et je me décidai à rendre visite à mon ami Adolph Bruun, presque toujours en voyage. A cette fin je me rends vers 7 heures de l'après-midi à Vestergade où, selon ce qu'on m'avait dit, il devait habiter. Mais il était introuvable, au troisième étage aussi où je parvins tout essoufflé. Sur le point de descendre l'escalier mes oreilles sont touchées par une voix mélodieuse de femme, qui dit presque en murmurant : « *A lundi donc, à 1 heure à l'Exposition*, – à cette heure-là les autres sont sortis, mais tu sais que je n'ose jamais te voir à la maison. » L'invitation n'était pas à mon adresse mais à l'adresse d'un jeune homme qui, crac, le voilà sorti de la porte si vite que mes yeux, et mes jambes encore moins, ne pouvaient le rejoindre. Ah! pourquoi n'a-t-on pas de gaz dans les escaliers, autrement j'aurais peut-être pu voir s'il valait la peine d'être aussi ponctuel. Mais, peut-être n'aurais-je rien entendu s'il y avait eu du gaz. Ce qui existe a toujours sa meilleure raison, je suis et je reste optimiste... Mais laquelle est-ce? L'Exposition grouille de jeunes filles, pour parler comme Dona Anna. Il est exactement 1 heure moins le quart. Ma belle inconnue! que votre futur soit à tous égards aussi ponctuel que moi, ou préféreriez-vous peut-être qu'il n'arrive jamais un quart d'heure en avance? – comme vous le voulez, je suis à tous égards à votre service... « Enchanteresse ravissante, fée ou sorcière, fais disparaître ton brouillard », manifeste-toi, tu es sans doute déjà là bien qu'invisible pour moi, révèle-toi, car autrement je n'ose peut-être pas m'attendre à une manifestation. Y en aurait-il plusieurs ici pour le même motif qu'elle? C'est bien possible. Qui sait pénétrer les voies de l'homme, même lorsqu'il va à une Exposition? – Voilà une jeune fille dans la première salle, elle se précipite, plus vite que la mauvaise conscience ne suit le pécheur. Elle oublie de montrer sa carte d'entrée, le préposé en rouge l'arrête? Mais, mon Dieu, qu'elle est pressée! Ce doit être elle. Pourquoi cette ardeur intempestive? Il n'est pas encore 1 heure et rappelez-vous donc que vous devez rencontrer le bien-aimé; la manière de se présenter en de telles occasions est-elle donc absolument sans importance ou est-ce dans ce sens qu'on dit qu'il faut jouer des jambes? Quand c'est un sang jeune et innocent comme elle qui a un rendez-vous, elle s'y attaque comme une forcenée. Elle est complètement affolée. Au contraire, moi qui, confortablement installé dans mon fauteuil, ai ici devant les yeux la vue charmante d'un site agreste... Quel diable de jeune fille! Elle brûle toutes les salles. Il faut pourtant voiler un peu vos désirs, rappelez-vous ce qu'on dit à Mademoiselle Lisbeth : « Fi! fi! ce n'est pas beau pour une jeune fille de laisser voir ainsi ses sentiments. » Enfin, s'entend, l'entrevue avec ce jeune homme est bien innocente. – Les amoureux considèrent d'ordinaire un rendez-vous comme l'instant le plus beau. Je me rappelle moi-même, aujourd'hui encore comme si c'était hier, la première fois où je volai vers l'endroit convenu, avec le cœur plein des joies inconnues qui m'attendaient, je me rappelle la première fois où je frappai les trois coups dans la main, la première fois où une fenêtre s'ouvrit, la première fois où le portillon du jardin fut ouvert par la main invisible d'une jeune fille qui se cachait en l'ouvrant, la première fois où, dans la nuit claire d'été, je cachai une jeune fille sous mon manteau. Pourtant, beaucoup d'illusions se mêlent à cette opinion. La tierce personne qui est calme ne trouve pas toujours que les amoureux soient des plus beaux à ces instants-là.. J'ai été le témoin de plusieurs rendez-vous où, bien que la jeune fille fût charmante et le jeune homme beau, l'impression d'ensemble était presque rebutante et le rendez-vous lui-même loin d'être beau; bien que les amoureux aient sans doute pensé le contraire. On gagne en un sens par l'expérience; car il est bien vrai qu'on perd la <u>douce inquiétude</u> que vous donne le désir impatient, mais on gagne cette attitude qui contribue à rendre l'instant réellement beau. Je suis vexé parfois de voir un homme en pareille circonstance tellement troublé que par pur amour il est pris de *delirium tremens*. A gens de village trompette de bois. Au lieu d'avoir assez de pondération pour jouir de l'inquiétude de la belle, pour laisser cette inquiétude enflammer sa beauté et la chauffer, il ne produit qu'une

confusion disgracieuse, mais rentre néan-
moins heureux chez lui en s'imaginant qu'il a
vécu quelque chose de merveilleux. – Mais
que diable devient cet homme, il est bientôt
2 heures déjà. Oui, quelle gent magnifique que
ces amoureux! Un tel gredin qui laisse une
jeune fille vous attendre? Non, merci, je suis
pourtant un homme bien autrement digne de
foi! Le mieux sera sans doute de l'aborder
lorsque à présent, pour la cinquième fois, elle
passera devant moi. « Excusez mon audace,
belle Mademoiselle, vous cherchez sans doute
votre famille ici, vous m'avez plusieurs fois
dépassé rapidement, et en vous suivant de
mes yeux j'ai remarqué que vous vous êtes
toujours arrêtée dans l'avant-dernière salle,
vous ne savez peut-être pas que derrière elle il
y a encore une salle où peut-être vous rencon-
treriez ceux que vous cherchez. » Elle me fait
une révérence qui lui sied bien. L'occasion est
favorable, je suis heureux que le jeune homme
ne vienne pas, on pêche toujours mieux en
eau trouble; lorsqu'une jeune fille est saisie
d'émotion on peut utilement risquer bien des
choses qui autrement ne réussiraient pas. Je
lui ai fait la révérence avec autant de politesse
qu'un étranger peut y mettre, et je suis à
nouveau installé dans mon fauteuil, je regarde
le site agreste et l'observe des yeux. La suivre
aussitôt serait trop risqué, cela pourrait paraître indiscret et elle serait immédiatement sur
ses gardes. Maintenant elle pense que c'était

par compassion que je l'ai abordée, et je suis dans ses bonnes grâces. – Il n'y a pas âme qui vaille dans la dernière salle et je le sais bien. La solitude aura une bonne influence sur elle; tant qu'elle voit beaucoup de monde autour d'elle elle est inquiète, toute seule elle se calmera. Parfaitement juste, elle y reste. Sous peu j'y viendrai *en passant*[1]; une réplique encore me revient de plein droit, oui elle me doit presque un salut. – Elle s'est assise. Pauvre petite, elle a l'air si mélancolique; elle a pleuré ou, tout au moins, elle a eu les larmes aux yeux. C'est révoltant – provoquer des larmes chez une telle jeune fille! Mais soyez tranquille, tu seras vengée, je te vengerai, il saura ce que cela veut dire d'attendre. Comme elle est belle, maintenant que les différentes bourrasques se sont calmées et qu'elle repose dans un état d'âme. Sa nature est mélancolie et harmonie dans la douleur. Elle est vraiment gentille. Elle est là en costume de voyage et cependant, ce n'était pas elle qui devait partir en voyage, elle l'a revêtu afin d'aller à la recherche de la joie, à présent le costume symbolise sa douleur, car elle est comme celui dont la joie prend congé. Elle a l'air de dire adieu pour toujours au bien-aimé. Qu'il s'en aille! – La situation est favorable, l'instant me fait signe. Ce qui importe maintenant, c'est que je m'exprime de façon à avoir l'air de

1. *En passant :* En français dans le texte.

penser qu'elle cherchait sa famille ou des amis, mais en y mettant assez de chaleur pour que chaque mot s'harmonise avec ses sentiments, alors j'aurai bonne chance de m'insinuer dans ses pensées. – Au diable le gredin – ce type qui s'amène là est sans aucun doute lui. Regarde-moi le maladroit, maintenant que je venais d'arranger tout comme je le voulais. Bien, bien, on en tirera bien quelque chose. Il faut que je reste en touche, que je trouve ma place dans la situation. Lorsqu'elle m'apercevra, elle sera amenée à sourire de moi, parce que je pensais qu'elle cherchait à découvrir sa famille, tandis que c'était tout autre chose qu'elle cherchait. Ce sourire fait de moi un confident, c'est toujours quelque chose. – Mille remerciements, mon enfant, ce sourire a pour moi plus de valeur que tu ne penses, c'est un commencement, et commencer est toujours le plus difficile. Maintenant nous nous connaissons et notre connaissance a pour base une situation piquante; cela me suffit jusqu'à nouvel ordre. Vous ne resterez pas ici plus d'une heure, je pense; dans deux heures je saurai qui vous êtes, car dans quel autre but, pensez-vous, la police tient-elle des tableaux de recensement?

Le 9 avril.

Suis-je devenu aveugle? Mon âme a-t-elle
perdu son pouvoir visuel? Je l'ai vue, mais
c'est comme si j'avais eu une révélation céleste, car à nouveau son image a complètement disparu pour moi. C'est en vain que je
dépense toutes les forces de mon âme pour
évoquer cette image. Si jamais je la revoyais, je
la reconnaîtrais immédiatement même parmi
des centaines d'autres. Maintenant elle a fui et
de tout son désir mon âme cherche vainement
à l'atteindre. – Je me promenais à Langelinie,
apparemment inattentif et sans tenir compte
de mon entourage lorsque soudain je l'aper-
çus. Mes regards se fixèrent inébranlablement
sur elle et n'obéissaient plus à la volonté de
leur maître; je ne pouvais leur imprimer
aucun mouvement afin d'embrasser l'objet
que je voulais voir, je ne voyais pas, je regardais fixement devant moi. Comme un escrimeur qui se fend, mon regard s'immobilisait,
comme hypnotisé, dans la direction une fois
prise. Impossible de le baisser, impossible de
le lever, impossible de le tourner en moi-
même, impossible de voir, parce que je voyais
beaucoup trop. La seule chose que j'ai retenue
est qu'elle portait un manteau vert, et c'est
tout; c'est ce qu'on peut appeler prendre un
nuage pour Junon; elle m'a bien échappé
comme Joseph à la femme de Putiphar et ne

m'a laissé que son manteau. Elle était avec une dame déjà âgée qui semblait être sa mère. Celle-là je peux la décrire de pied en cap, et cela bien qu'au fond je ne l'aie pas du tout regardée, et, tout au plus, n'en ai fait état qu'*en passant*[1]. Ainsi va le monde. La jeune fille m'a impressionné, je l'ai oubliée, l'autre ne m'a fait aucune impression, et c'est elle que je peux me rappeler.

Le 11 avril.

Je reste toujours entravé par la même contradiction. Je sais que je l'ai vue, mais je sais aussi que de nouveau je l'ai oubliée, mais de sorte que le peu de souvenir qui m'en reste ne me réconforte pas. Comme si mon bien-être était en jeu, je demande cette image avec inquiétude et ardeur, et pourtant elle ne se montre pas, je pourrais arracher mes yeux afin de les punir de leur manque de mémoire. Alors, après avoir ragé d'impatience, et le calme en moi s'étant rétabli, c'est comme si un pressentiment et un souvenir tissaient une image qui, pourtant, ne peut pas prendre forme pour moi, parce que je ne réussis pas à l'immobiliser en un ensemble, elle est comme le dessin dans un tissu fin, dessin plus clair que le fond, on ne peut pas le voir parce qu'il

---

1. *En passant :* En français dans le texte.

46

est trop pâle. – Il s'agit d'une disposition bizarre qui pourtant en elle-même présente des agréments, parce qu'elle me convainc que je suis encore jeune. Une autre considération peut m'apprendre la même chose : c'est toujours parmi les jeunes filles que je cherche ma proie, et non parmi les jeunes femmes. Une femme a moins de naturel, plus de coquetterie, des rapports avec elle ne sont ni beaux, ni intéressants, ils sont piquants et le piquant vient toujours en dernier. – Je n'avais pas espéré être capable de goûter à nouveau ces prémices d'une amourette. J'ai succombé à l'amour, j'ai obtenu ce que les nageurs appellent une passade, rien d'étonnant que je sois un peu perplexe. Tant mieux, je m'en promets d'autant plus.

Le 14 avril.

Je ne me reconnais guère. Devant les tempêtes de la passion mon esprit est comme une mer orageuse. Si quelqu'un pouvait surprendre mon âme en cet état, il aurait l'impression de voir une barque s'enfoncer à pic dans la mer, comme si dans sa précipitation terrible elle devait mettre le cap sur le fond de l'abîme. Il ne verrait pas qu'au haut du mât veille un marin. Forces frénétiques, échauffez-vous, mettez-vous en mouvement, ô puissances de la passion, même si le choc de vos lames devait lancer l'écume jusqu'aux nuages, vous ne serez pas capables de vous élever au-dessus de ma tête; je reste tranquille comme le Roi des falaises.

C'est à peine si je peux prendre pied, comme un oiseau aquatique je cherche en vain à me plonger dans la mer orageuse de mon esprit. Et cependant, un tel orage est mon élément, je bâtis dessus comme *Alcedo ispida* bâtit son nid sur la mer.

Les dindons se gonflent de rage quand ils voient du rouge, et il en va ainsi de moi lorsque je vois du vert, chaque fois que je vois un manteau vert; et comme mes yeux me trompent souvent, toutes mes espérances échouent parfois à la vue d'un porteur de chaises de l'hôpital Frédéric.

Le 20 avril.

Une condition capitale pour toute jouissance, c'est de se limiter. Il ne semble pas que j'aurai de sitôt des renseignements sur la jeune fille qui emplit tellement mon âme et toutes les pensées que nourrissent mes regrets. Mais je vais me tenir tranquille; car il y a de la douceur aussi dans cet état d'émotion sombre et mystérieuse, et pourtant forte. J'ai toujours aimé, par une nuit de clair de lune, à aller en bateau sur l'un ou l'autre de nos lacs délicieux. Je rentre alors les voiles et

48

les rames, je démonte le gouvernail, je m'étends de tout mon long et je regarde la voûte céleste. Lorsque les vagues bercent le bateau sur leur sein, lorsque les nuages vont au gré des vents et cachent un instant la lune pour la faire disparaître à nouveau, je trouve le repos malgré tout ce mouvement; le balancement des vagues m'apaise, le bruit qu'elles produisent en frappant la barque est comme une berceuse monotone, l'envol rapide des nuages, le changement de lumière et d'ombre m'enivrent, et je rêve sans fermer l'œil. C'est de cette façon que je m'étends maintenant aussi, je rentre les voiles, je démonte le gouvernail, le désir et une espérance impatiente me bercent dans leurs bras; désir et espérance s'apaisent de plus en plus et me transportent de plus en plus de joie; ils me soignent comme un enfant, au-dessus de moi le ciel de l'espérance s'élève en voûte, l'image de la jeune fille plane rapidement devant mes yeux comme la lune indécise et m'éblouissant de sa lumière tantôt, et tantôt de son ombre. Que de jouissance à être ainsi secoué sur une eau agitée, – que de jouissance à être secoué en soi-même.

Le 21 avril.

Les jours passent, et je n'en suis pas plus avancé. Les jeunes filles me donnent du plaisir plus que jamais et, cependant, je n'ai pas envie de jouir. C'est elle que je cherche partout. Cela me rend souvent peu équitable, trouble ma vue, énerve ma jouissance. Maintenant viendra bientôt le beau temps où en parcourant les rues et les places on accumule des petites créances qu'en hiver, dans la vie mondaine, on peut payer assez cher; car une jeune fille peut oublier bien des choses, mais non pas une situation. La vie mondaine vous met bien en rapport avec le beau sexe, mais ce n'est pas ce qu'il faut pour commencer l'aventure. Dans la vie mondaine, toute jeune fille est armée, la situation est dénuée de ressources et, la même chose s'est présentée bien des fois, elle ne reçoit aucune secousse voluptueuse. Dans la rue elle est au large, et c'est pourquoi tout produit un effet plus fort, tout est comme plus énigmatique. Je donne 100 rixdales pour un sourire de jeune fille dans une situation de la rue, mais pas même 10 rixdales pour une poignée de main dans le monde, il s'agit là de monnaies d'espèces toutes différentes. L'aventure en train, on cherche dans le monde celle dont il est question. On a avec elle des intelligences secrètes qui tentent, c'est le stimulant le plus efficace que je connaisse. Elle n'ose pas en parler, mais elle y pense; elle ne sait pas si on l'a oubliée ou non; et bientôt on l'égare d'une autre manière. Je crains de ne pas accumuler beaucoup de ces créances cette année, cette jeune fille occupe trop mon esprit. Mes gains seront en un sens maigres, mais j'ai bien une chance de gagner le gros lot.

Le 5 mai.

Damné hasard! Je ne t'ai jamais maudite d'être apparue, je te maudis parce que tu ne te montres pas du tout. Ou serait-ce une nouvelle invention de Toi, être inconcevable, mère stérile de tout, la seule chose qui reste de cette époque où la nécessité donna naissance à la liberté et où la liberté se laissa duper pour rentrer dans le sein de sa mère? Damné hasard! Toi, ma seule confidente, seul être que je juge digne d'être mon alliée et mon ennemie, toujours identique malgré ta dissemblance, toujours inconcevable, toujours une énigme! Toi que j'aime de toute mon âme sympathisante, toi à l'image de laquelle je me crée moi-même, pourquoi n'apparais-tu pas? Je ne mendie pas, je ne te supplie pas humblement de te montrer de telle ou telle façon, car un tel culte serait une idolâtrie, et peu agréable pour toi. Je te provoque au combat, pourquoi ne te montres-tu pas? Ou est-ce que le balancier de l'univers s'est arrêté, est-ce que ton énigme a été résolue, et que tu t'es jetée, toi aussi, dans les eaux éternelles? Pensée terrible! le monde se serait arrêté d'ennui! Damné hasard! je t'attends. Je ne veux pas te vaincre par des principes, ni par ce que des imbéciles appellent du caractère, non je veux te rêver! Je ne veux pas être un poète pour les autres; montre-toi, je te crée en rêve, et je dévorerai mon propre poème, et ce sera ma nourriture. Ou bien me trouves-tu indigne? Comme une bayadère danse à la gloire du dieu, je me suis voué à ton service; léger, peu vêtu, souple, désarmé, je renonce à tout; je ne possède rien, je n'ai envie de rien posséder, je n'aime rien, je n'ai rien à perdre, mais grâce à cela ne suis-je pas devenu plus digne de toi, de toi qui sans doute depuis longtemps t'es lassée d'arracher aux hommes ce qu'ils aiment, lassée de leurs soupirs lâches et de leurs lâches prières. Surprends-moi, je suis prêt, aucun enjeu, luttons pour l'honneur. Faites-moi la voir, montrez-moi une chance qui paraîtra impossible, montrez-la-moi parmi les ombres du royaume des morts, je la ramènerai au jour, qu'elle me haïsse, me méprise, qu'elle soit indifférente envers moi, qu'elle en aime un autre, je n'ai pas peur; mais remuez l'eau, interrompez le silence. M'affamer ainsi est une honte de ta part, toi qui pourtant t'imagines être plus forte que moi.

Le 6 mai.

Le printemps approche; tout est en train d'éclore, les jeunes filles aussi. Les manteaux

52

sont mis de côté, mon manteau vert a probablement été rangé aussi. Voilà la conséquence de faire connaissance d'une jeune fille dans la rue, et non pas dans le monde, où on apprend tout de suite son nom et à quelle famille elle appartient, où elle habite et si elle est fiancée. Ce dernier point a une très grande importance comme renseignement pour tous les prétendants pondérés et posés, auxquels ne viendrait jamais l'idée de s'amouracher d'une jeune fille déjà fiancée. Un tel ours serait dans un mortel embarras à ma place; il serait complètement anéanti si ses efforts pour se procurer des renseignements étaient couronnés de succès, et si par-dessus le marché il apprenait qu'elle était fiancée. Mais tout cela ne me donne pas beaucoup de soucis. La question des fiançailles ne constitue qu'une difficulté comique. Je ne crains ni les difficultés comiques, ni celles qui sont tragiques; les seules d'entre elles que je redoute sont les difficultés ennuyeuses. Jusqu'ici je n'ai pas pu me procurer un seul renseignement, bien qu'assurément je n'aie rien négligé et que plusieurs fois j'aie dû reconnaître la vérité des paroles du poète :

Nox et hiems longæque viæ, sævique dolores
Mollibus his castris, et labor omnis inest.

Elle n'est peut-être pas du tout de Copenhague mais de la campagne, peut-être, peut-être, c'est à devenir fou de rage de tous ces peut-être, et plus il y a de ces peut-être, plus je le

deviens. J'ai toujours l'argent prêt pour entre-
prendre le voyage. Je la cherche en vain au
théâtre, aux concerts, aux bals, sur les prome-
nades. En un sens cela me fait plaisir; d'ordinaire une jeune fille qui prend beaucoup part
à ces amusements ne vaut pas d'être conquise;
il lui manque le plus souvent le caractère
primitif qui pour moi constitue toujours une
condition sine qua non. Il est moins incompré-
hensible de trouver une Préciosa parmi les
Tsiganes que dans ces parcs à bestiaux où des
jeunes filles sont mises à l'encan – que ceci
soit dit en toute innocence, bien entendu!

Le 12 mai.

Oui, mon enfant, pourquoi n'es-tu pas restée
tout tranquillement sous la porte cochère? Il
n'y a absolument rien à dire contre une jeune
fille qui y cherche refuge contre la pluie. Je le
fais moi-même lorsque je n'ai pas de parapluie, même parfois quand j'en ai un, comme
maintenant par exemple. Je peux d'ailleurs
nommer plusieurs dames respectables qui
n'ont pas hésité à le faire. On reste tout
tranquille, on tourne le dos à la rue pour que
les gens qui passent ne puissent même pas
savoir si on y reste ou si on est en train de
pénétrer dans la maison. Par contre, il est
imprudent de se cacher derrière une porte
entrouverte, surtout à cause des conséquen-

ces; car plus on se cache, plus il est désagréable d'être surpris. Mais si on s'est caché, on reste tout tranquille en se commettant à la garde de son bon génie et à celle de tous les anges; on s'abstient surtout de guetter au-dehors – afin de voir si la pluie a cessé. Car si on veut s'en assurer, on fait un pas ferme en avant et on regarde le ciel avec sérieux. Mais si on avance la tête avec un peu de curiosité, timidement, avec anxiété et sans conviction et qu'on la retire rapidement – tout enfant comprendrait ce mouvement, on l'appelle jouer à cache-cache. Et moi qui participe toujours aux jeux, je me retiendrais? je ne répondrais pas quand on m'interpelle?... Ne croyez pas que je nourrisse quelque pensée offensante à votre égard, vous n'aviez pas la moindre arrière-pensée en avançant la tête, c'était fait de la manière la plus innocente. Mais, il ne faut pas m'offenser non plus en imagination; ni mon nom ni ma bonne réputation ne le souffrirait. En outre c'est vous qui avez commencé. Je vous conseille de ne jamais parler à personne de cet incident; le tort est de votre côté. Que pourrais-je faire d'autre que ce que n'importe quel gentilhomme aurait fait? – vous offrir mon parapluie. Qu'est-elle devenue? magnifique! elle s'est cachée dans l'entrée de la loge du concierge – c'est une jeune fille on ne peut plus charmante, gaie, joyeuse. – « Peut-être pourriez-vous me renseigner sur une jeune dame qui à l'instant même avançait la tête par

cette porte, apparemment en peine d'un parapluie. C'est elle que nous cherchons, mon
parapluie et moi. » Vous riez – peut-être per-
mettez-vous que je vous envoie mon valet
demain pour le prendre, ou désirez-vous que
je cherche une voiture ? – il n'y a pas de quoi,
ce n'est qu'une politesse toute naturelle. –
C'est une jeune fille des plus joyeuses que j'ai
vue depuis longtemps, son regard est si enfan-
tin et pourtant si crâne, sa manière d'être si
charmante, si chaste et, cependant, elle est
curieuse. – Va en paix, mon enfant, si aucun
manteau vert n'existait, j'aurais bien pu désirer faire une connaissance plus intime. – Elle
passe par la Store Köbmagergade. Qu'elle
était innocente et confiante, pas la moindre
pruderie. Regardez comme elle marche d'un
pas léger, comme elle remue la tête – le
manteau vert exige de l'abnégation.

Le 15 mai.

Heureux hasard ! tous mes remerciements !
Elle se tenait droite et fière, mystérieuse et
pensive comme un sapin, qui, d'un seul jet,
comme une seule pensée, jaillit des profondeurs de la terre et s'élève vers le ciel, énigmatique à lui-même aussi, un tout indivisible.
Le hêtre s'orne d'une couronne dont les feuilles savent raconter ce qui s'est passé au-
dessous d'elle, le sapin n'a pas de couronne, il

n'a pas d'histoire, il reste énigmatique à lui-même – elle était ainsi. Elle était cachée en elle-même, elle jaillissait du fond d'elle-même, il y avait en elle une fierté reposante, semblable à l'envol hardi du sapin, bien que celui-ci soit cloué au sol. Une mélancolie s'épandait sur elle, semblable au roucoulement du ramier, un profond désir sans objet. Elle était une énigme qui énigmatiquement possédait sa propre résolution, un secret, et que comptent bien tous les secrets des diplomates contre celui-ci? contre cette énigme? et quel mot est aussi beau que celui qui la résout? Comme le langage est bien significatif, bien concis : résoudre – quelle ambiguïté dans ce mot! quelle beauté et quelle force ne possède-t-il pas dans toutes les combinaisons où il intervient! Comme la richesse de l'âme est une énigme, tant que la langue n'est pas déliée et l'énigme ainsi résolue, une jeune fille aussi est une énigme. – Heureux hasard! – tous mes remerciements! Si je l'avais vue en hiver, elle aurait sans doute été enveloppée dans le manteau vert, elle aurait peut-être été transie de froid et l'intempérie de la nature aurait amoindri sa beauté. Mais à présent, quel bonheur! Je l'ai aperçue d'abord au commencement de l'été, à l'époque la plus belle de l'année et dans la lumière d'un après-midi. L'hiver a bien aussi ses avantages. Une salle de danse, brillamment éclairée, peut constituer un cadre flatteur pour une jeune fille en robe de bal; mais il est rare qu'elle apparaisse là entièrement à son avantage, justement parce que tout semble le demander d'elle, demande qui, qu'elle y cède ou non, crée un effet gênant; en outre, tout vous donne l'impression du caractère éphémère de la situation et de sa vanité, et provoque une impatience qui rend le plaisir moins réconfortant. Il est des jours où je ne saurais me passer d'une salle de bal, car j'aime son luxe, sa surabondance sans prix de jeunesse et de beauté, et son libre jeu des forces de toutes natures; mais alors ce n'est pas tant la jouissance que je connais, je me plonge plutôt dans les possibilités. Ce n'est pas une unique beauté qui vous tient sous le charme, mais un ensemble; une vision plane devant vos yeux, vision dans laquelle toutes ces figures féminines se confondent, et où tous ces mouvement cherchent quelque chose, cherchent un repos dans une seule image qu'on ne voit pas.

C'était sur le sentier qui mène de Nörreport à Œsterport; il était vers les six heures et demie. Le soleil avait perdu sa force, il n'en restait plus que le souvenir dans une douce lueur qui se répandait sur le paysage. La nature respirait plus librement. Le lac était calme, brillant comme une glace. Les paisibles villas de Blegdammen se reflétaient dans l'eau qui jusqu'à une bonne distance de la rive était sombre comme du métal. Le sentier et les immeubles de l'autre côté du lac étaient faiblement éclairés par les rayons du soleil. Le ciel était clair et pur, un seul nuage léger y glissait furtivement, sensible surtout quand on fixait les yeux sur le lac dans le miroir duquel il disparaissait peu à peu. Pas une feuille ne bougeait. – C'était elle. Mes yeux ne m'ont pas trompé, mais le manteau vert l'a fait. Bien que je m'y sois attendu depuis si longtemps, il m'a été impossible de dominer une certaine émotion dont l'élan et la chute étaient comme ceux de l'alouette, lorsque sur les terres voisines elle s'élevait et se laissait tomber tout en chantant. Elle était seule. J'ai déjà oublié comment elle était habillée, mais maintenant je possède une image d'elle. Elle était seule, occupée apparemment non pas d'elle-même, mais de ses propres pensées. Elle ne pensait pas, mais le travail silencieux des pensées tissait pour elle une image de désirs et de pressentiments, image inexplicable comme les multiples soupirs d'une jeune fille. Elle était à la fleur de son âge. Une jeune fille ne se développe pas dans ce sens comme un garçon, elle ne croît pas, elle naît. Un garçon commence immédiatement à se développer et y met beaucoup de temps, une jeune fille naît pendant longtemps et naît femme faite, mais l'instant de cette naissance arrive tard. C'est pourquoi elle naît deux fois, la seconde fois, c'est lorsqu'elle se marie, ou plutôt, à cet instant-là elle cesse de naître, ce n'est qu'à ce moment-là qu'elle est née. Il n'y a pas que

Minerve qui soit sortie du cerveau de Jupiter, toute venue à terme, il n'y a pas que Vénus qui dans tout son charme soit sortie des ondes de la mer, toute jeune fille dont la féminité n'a pas encore été corrompue par ce qu'on appelle développement est ainsi. Elle ne s'éveille pas successivement, mais en une seule fois, et elle rêve d'autant plus longtemps à condition que les gens ne soient pas assez sots pour la réveiller trop tôt. Cette rêverie est une richesse prodigieuse. – Elle était occupée, non pas d'elle-même mais en elle-même, et cette occupation était, elle aussi, reposante et paisible. C'est ainsi qu'une jeune fille est riche, et embrasser cette richesse vous rend riche vous-même. Elle est riche tout en ignorant qu'elle possède quelque chose; elle est riche, elle est un trésor. Une douce paix régnait sur elle et un peu de mélancolie. Elle était facile à soupeser avec les yeux, légère comme une Psyché portée par des génies, oui plus légère encore, car elle se portait elle-même. Que les doctrinaires disputent sur l'assomption, elle ne me semble pas inconcevable, car la Madone n'était plus de ce monde; mais la légèreté d'une jeune fille, voilà qui est inintelligible, elle défie les lois de la pesanteur. – Elle ne remarquait rien et pour cette raison ne se savait pas non plus remarquée. Je me tenais à grande distance et je buvais son image des yeux. Elle marchait lentement, sa quiétude et le calme des choses environnantes ne furent troublés par aucune hâte. Un gosse qui pêchait était assis au bord du lac, elle s'arrêta et regarda la surface de l'eau et le flotteur. Elle n'avait pas marché vite, mais elle chercha un peu de fraîcheur; elle défit un petit foulard qui sous son châle était noué autour du cou; une gorge blanche comme la neige et pourtant chaude et pleine fut entourée d'un souffle léger venant du lac. Le gosse ne semblait pas content d'être surveillé dans son travail de pêcheur, et, en se retournant il la regardait d'un air assez flegmatique. Il faisait figure vraiment ridicule, et je ne peux pas la blâmer d'avoir fini par rire de lui. Quelle jeunesse dans son rire; je suis sûr que si elle avait été seule avec le gosse, elle n'aurait pas craint de se battre avec lui. Ses yeux étaient grands et rayonnants; en y regardant de près ils avaient un éclat sombre qui vous laissait deviner une profondeur insondable, car il était impossible d'y pénétrer, ils étaient purs et innocents, doux et calmes, pleins d'enjouement lorsqu'elle souriait. Son nez était finement courbé et, quand on la regardait de côté, il se retirait pour ainsi dire dans le front et devenait ainsi plus petit et un peu plus mutin. Elle reprit sa marche, je la suivis. Heureusement il y avait plusieurs autres promeneurs sur le sentier; en échangeant des propos avec quelques-uns d'eux, je la laissais prendre un peu d'avance, et je la rattrapais bientôt après, mais j'évitais ainsi la nécessité de marcher, à distance, aussi lentement qu'elle. Elle se dirigea vers Œster-port. Je désirais la voir de plus près sans être vu moi-même. Au coin il y a une maison d'où je pouvais avoir la chance de réussir. Je con-naissais la famille et il me suffit donc de faire une visite. Je la dépassais donc à grands pas, n'ayant absolument pas l'air de m'intéresser à elle. Je la devançai d'un bon bout de chemin, saluai la famille à la ronde et pris possession de la fenêtre donnant sur le sentier. Elle approchait et je la regardais et la regardais, tout en devisant avec les convives du thé dans le salon. Son allure n'eut pas de mal à me convaincre qu'elle n'avait pas suivi les cours d'une école de danse de quelque importance, et cependant, cette allure était imprégnée d'une certaine fierté et d'une noblesse simple, mais aussi d'un manque d'attention pour elle-même. Je l'ai aperçue encore une fois, sans qu'au fond j'y aie compté. La vue de la fenêtre ne s'étendait pas très loin sur le sentier, mais je pouvais voir une passerelle sur le lac, et à mon grand étonnement je l'y découvre à nou-veau. L'idée me vient qu'elle habite peut-être ces environs et que sa famille y a peut-être loué un petit appartement pour l'été. Je com-mençais déjà à regretter ma visite en crai-gnant qu'elle ne revienne sur ses pas et de la perdre de vue, oui, ce fait qu'elle apparut au bout extrême de la passerelle était comme un signe qu'elle allait disparaître pour moi, – et puis, elle reparut tout près. Elle avait passé devant la maison, vite je saisis mon chapeau et ma canne pour essayer de la dépasser encore plusieurs fois et ensuite venir en arrière pour la suivre jusqu'à ce que je découvre où elle habite. – Mais dans ma hâte j'ai la malchance de bousculer une dame en train de servir le thé à la ronde. Un cri terrible s'élève, – je reste là avec mon chapeau et ma canne, avec le seul souci de me sauver, et pour donner un tour à l'histoire et motiver ma retraite je m'exclame pathétiquement : comme Caïn je veux m'exiler de ce lieu qui a vu ce thé répandu. Mais comme si tout conspirait contre moi, l'hôte a l'idée malheureuse de vouloir compléter ma remarque et jure ses grands dieux qu'il ne me sera pas permis de m'en aller avant d'avoir goûté une tasse de thé, avant d'avoir moi-même offert aux dames le thé répandu et ainsi tout réparé. Comme j'étais complètement convaincu que mon hôte dans ces circonstances considérerait comme une politesse de se livrer à des voies de fait, il n'y avait d'autre issue que de rester. – Elle avait disparu.

Le 16 mai.

Comme c'est beau d'être amoureux, et comme il est intéressant de savoir qu'on l'est. Voilà la différence. Je peux m'irriter en pensant que, pour la deuxième fois, elle a disparu de devant moi; en un sens cela me fait plaisir.

L'image que je possède d'elle semble être une image tantôt réelle et tantôt idéale de sa figure. J'évoque à présent cette image devant mes yeux; mais c'est justement parce qu'elle représente la réalité, ou que la réalité en a été la cause, qu'elle possède un certain enchantement. Je ne sens aucune impatience, car elle doit sûrement être de Copenhague, et pour l'instant cela me suffit. Cette chance est la condition pour que son image puisse vraiment apparaître – il faut jouir de tout à longs traits. Et ne devrais-je pas être tranquille, moi qui ose me considérer comme l'enfant gâté des dieux, auquel échut le rare bonheur de devenir encore une fois amoureux. C'est pourtant une chose qu'aucun art, aucune étude ne peuvent faire éclore, c'est un don. Mais si j'ai réussi à faire naître un nouvel amour, je veux cependant voir combien de temps je pourrai le garder. Je le choierai plus que je ne l'ai fait pour mon premier amour. La chance ne nous gâte pas trop souvent, si elle se présente il y a vraiment lieu d'en profiter; le malheur, c'est qu'il n'est pas du tout difficile de séduire une jeune fille, mais d'en trouver une qui vaille la peine d'être séduite. – L'amour possède beaucoup de mystères, et dans le premier il y en a aussi, bien que de rang secondaire – la plupart des gens s'élancent tête baissée, se fiancent ou font d'autres bêtises, et, voilà, en moins de rien tout est fini et ils ne savent ni ce qu'ils ont gagné, ni ce qu'ils ont perdu. Deux fois maintenant elle m'est apparue et elle a disparu; cela veut dire que bientôt elle apparaîtra plus souvent. Joseph ayant expliqué le songe de Pharaon ajoute : s'il t'a été répété deux fois c'est que la chose se hâtera de s'accomplir.

Il serait tout de même intéressant de voir un peu d'avance les forces dont l'apparition conditionne le contenu de l'existence. Maintenant sa vie s'écoule paisiblement; elle n'a pas encore le moindre soupçon de mon existence, encore moins de ce qui se passe en moi et encore moins de l'assurance avec laquelle mes pensées pénètrent son avenir; car mon âme réclame toujours davantage la réalité et prend de plus en plus de force. Quand au premier coup d'œil une jeune fille me fait une impression assez profonde pour provoquer l'image de l'idéal, en général la réalité n'est pas particulièrement désirable; mais si elle le fait, si éprouvé qu'on soit, le bonheur vous accable presque toujours. A celui qui alors n'a pas une grande sûreté de main et n'ose pas compter sur ses yeux et sur sa victoire, je conseillerai toujours de risquer l'attaque dès ce premier état où, justement parce qu'il se sent accablé, il possède des forces surnaturelles; car cet accablement est un mélange bizarre de sympathie et d'égoïsme. Mais il y perdra une jouissance; car il ne jouira pas de la situation, puisqu'il s'y trouve englobé lui-même, caché en elle. Il est difficile de dire ce qui est le plus beau, facile de dire ce qui est le plus intéressant. Mais il est toujours bon de serrer la ligne d'aussi près que possible. Au fond c'est la vraie jouissance et quant à celle des autres je l'ignore certainement. La simple possession n'est pas grand-chose, et les moyens dont se sert cette espèce d'amants sont généralement assez médiocres; ils ne dédaignent ni l'argent, ni le pouvoir, ni l'influence d'autrui, ni les somnifères, etc. Mais l'amour est-il une jouissance s'il ne comporte pas l'abandon le plus absolu, c'est-à-dire d'un des deux côtés? mais pour cela il faut en général posséder de l'esprit, ce qui manque d'ordinaire à ces amants-là.

Le 19 mai.

Cordélia! elle s'appelle donc Cordélia! Un beau nom, ce qui a son importance, car il peut souvent être très troublant de prononcer un nom laid avec les prédicats les plus tendres. Je l'ai reconnue déjà de loin, elle était accompagnée à sa gauche de deux autres jeunes filles. Leur allure semblait indiquer qu'elles allaient bientôt s'arrêter. Je me trouvais au coin de la rue où je lisais une affiche sans cesser d'observer mon inconnue. Elles se dirent au revoir. Les deux autres avaient sans doute fait un bon bout de chemin dans la direction opposée.

Elle se dirigea vers mon coin. Ayant fait quelques pas l'une des jeunes filles courut après elle et cria assez haut pour que je pusse l'entendre : Cordélia! Cordélia! Ensuite arriva la troisième; elles tinrent un conseil intime en chuchotant, et mon oreille la plus fine chercha en vain à cueillir au vol leur secret; ensuite elles rirent toutes les trois et, à une cadence un peu plus vive, elles se dépêchèrent par le chemin précédemment pris par les deux compagnes. Je suivis. Elles entrèrent dans une maison Ved Stranden. J'attendis longtemps, convaincu que Cordélia allait bientôt revenir toute seule. Mais il n'en fut rien.

Cordélia! Quel nom vraiment merveilleux! c'est bien ainsi que s'appelait aussi la troisième fille du roi Lear, cette excellente jeune fille qui n'avait pas le cœur sur les lèvres, dont les lèvres étaient muettes quand son cœur était dilaté. Ainsi de ma Cordélia aussi. Elle lui ressemble, j'en suis sûr. Mais en un autre sens elle a cependant son cœur sur ses lèvres, non pas sous forme de paroles, mais de manière plus accueillante sous forme d'un baiser. Quelles lèvres débordantes de santé! Je n'en ai jamais vu de plus belles.

Le mystère dont j'entoure presque cette affaire, à mes propres yeux aussi, est entre autres une preuve que je suis réellement amoureux. Tout amour a son mystère, l'amour perfide aussi lorqu'il a en lui l'élément esthétique nécessaire. L'idée ne m'est jamais venue de désirer me confier à d'autres, ni de me vanter de mes aventures. C'est ainsi que je suis presque content de n'avoir pas appris son adresse, mais seulement un endroit où elle vient souvent. Il est même possible que grâce à cela je me sois approché de mon but. Je peux faire mes observations sans éveiller son attention, et, partant de ce point ferme, il ne me sera pas difficile de me ménager accès à sa famille. Si toutefois cette circonstance se montrait un obstacle – eh bien! alors je l'accepte; tout ce que je ferai, je le ferai *con amore*; et c'est ainsi que j'aime *con amore*.

Le 20 mai.

Aujourd'hui je me suis procuré des renseignements sur la maison dans laquelle elle a disparu. Il y a là une veuve avec ses trois chères filles. Elles peuvent donner des renseignements en surabondance, à condition bien entendu qu'elles en possèdent quelques-uns. La seule difficulté est de comprendre ces renseignements à la troisième puissance, car elles parlent toutes trois à la fois. Elle s'appelle Cordélia Wahl et elle est la fille d'un capitaine de la marine. Il est mort il y a quelques années et la mère aussi. C'était un homme très dur et très sévère. Elle habite à présent chez sa tante paternelle qui, dit-on,

68

doit avoir le caractère de son frère mais qui, autrement, est une dame très respectable. Tout cela est très bien, mais elles ne savent rien de plus de cette maison; elles n'y mettent jamais les pieds, mais Cordélia vient souvent chez elles. Elle suit, avec les deux autres, des cours aux cuisines du Roi. D'ordinaire elle y vient par conséquent de bonne heure l'après-midi, parfois dans la matinée aussi, mais jamais le soir. Elles mènent une vie très fermée.

Ici s'arrête donc l'histoire et je n'aperçois aucun pont par lequel je puisse passer jusqu'à la maison de Cordélia.

Elle a donc une idée des chagrins de la vie, de ses misères. Qui aurait pu le dire d'elle! Cependant, ces souvenirs relèvent bien d'un âge plus jeune, c'est un horizon sous lequel elle a vécu sans bien s'en apercevoir. C'est très bien, cela a sauvé sa féminité, elle n'a pas été corrompue. D'un autre côté cela aidera aussi à l'élever si on sait bien évoquer ce passé. Toutes ces choses produisent généralement de la fierté, à moins d'avoir un effet écrasant, et elle est très loin d'être écrasée.

Le 21 mai.

Elle habite face aux remparts, et ce n'est pas un lieu très favorable pour moi, il n'y a pas en face de voisins dont on pourrait faire la connaissance, ni d'endroits publics d'où il serait possible de faire des observations sans être aperçu. Les remparts eux-mêmes s'y prêtent mal, car on y est trop vu. Si on se promène dans la rue, il est mieux de ne pas choisir le côté qui longe les remparts, car il n'y passe personne et, étant trop insolite, on attirerait l'attention sur soi, ou il faudrait aller du côté des maisons, d'où on ne verrait rien. Il s'agit d'un immeuble d'angle. De la rue on peut voir aussi les fenêtres donnant sur la cour, car il n'y a pas d'immeuble voisin. Je pense que sa chambre à coucher se trouve par là.

Le 22 mai.

Aujourd'hui je l'ai rencontrée pour la première fois chez Madame Jansen. Je lui ai été présenté. Cela sembla lui être à peu près indifférent, ou ne pas attirer son attention. Je me fis aussi insignifiant que possible pour mieux pouvoir l'observer. Elle ne resta qu'un instant, car elle n'était venue que pour chercher ses amies avec lesquelles elle devait aller aux cuisines du Roi. Nous restâmes tous deux seuls dans le salon pendant que les demoiselles Jansen mettaient leurs vêtements pour sortir, et avec un flegme froid, presque négligemment, je jetai quelques mots au passage qu'elle honora poliment d'une réponse imméritée. Et elles partirent. J'aurais pu offrir de les accompagner; mais cela déjà aurait suffi pour démasquer le cavalier, et je me suis convaincu que ce n'est pas là le moyen propre à la gagner. – Non, j'ai préféré m'en aller aussi un instant après elle, et par d'autres chemins et beaucoup plus vite qu'elles, me diriger vers les cuisines du Roi, de sorte qu'en arrivant au coin de la Store Kongensgade je pus à leur grand étonnement les dépasser presque en courant, sans les saluer ou faire autrement attention à elles.

Le 23 mai.

C'est une nécessité pour moi de me procurer accès à la maison; pour cela mes armes sont prêtes, comme disent les militaires. Mais il semble que cela devient une affaire assez compliquée et difficile. Je n'ai jamais connu une famille vivant d'une manière aussi retirée. Il n'y a qu'elle et sa tante. Aucun frère, aucun cousin, pas même un vague parent lointain à prendre par le bras, pas un seul brin à saisir. Je me promène toujours avec un de mes bras branlant, pour rien au monde je ne sortirais ces temps-ci avec quelqu'un à chaque bras, mon bras est comme un harpeau qu'il faut toujours avoir tout prêt, mon bras est destiné aux revenus accidentels, – peut-être que dans le lointain éloigné apparaîtra un vague parent ou un ami que de loin je pourrai prendre un peu par le bras – alors je me mets à grimper. Il n'est d'ailleurs pas bien qu'une famille vive aussi isolée; on prive la pauvre jeune fille de la chance de faire la connaissance du monde, pour ne pas mentionner les autres conséquences dangereuses que cela peut avoir. Cela se paie toujours. La même chose se présente lorsqu'il s'agit de recherches en mariage. Par un tel isolement on s'assure bien contre les petits larcins. Dans une maison où on reçoit beaucoup, l'occasion fait le larron. Mais cela n'a pas grande importance; car il n'y a pas grand-chose à voler chez ces jeunes filles-là; lorsqu'elles ont seize ans leur cœur est déjà tout un marquoir, et je n'ai jamais envie d'ajouter mon nom là où plusieurs autres ont déjà écrit les leurs, l'idée ne me vient jamais de graver mon nom sur une vitre ou dans une auberge, ni sur un arbre ou un banc du parc de Fréderiksberg.

Le 27 mai.

Plus je la regarde plus je me convaincs qu'elle est une figure isolée. C'est ce qu'un homme ne doit pas être, pas même un jeune homme; car, son développement reposant essentiellement sur la réflexion, les rapports avec autrui lui sont nécessaires. C'est pourquoi une jeune fille ne doit pas non plus être intéressante, car dans l'intéressant il y a toujours une réflexion à son propre égard, comme dans l'art l'intéressant est toujours représentatif de l'artiste. Une jeune fille qui veut plaire en se faisant intéressante plaira surtout à elle-même. C'est ce qu'il y a à objecter, du point de vue esthétique, à toute espèce de coquetterie. Autre chose est tout ce qu'on appelle improprement coquetterie et qui relève de la nature elle-même; par exemple la pudeur féminine, toujours la plus belle des coquetteries. Une telle jeune fille intéressante réussira peut-être à plaire, mais de même qu'elle a elle-même abandonné sa féminité, les hommes auxquels elle plaira sont généralement de leur côté peu virils. Une telle jeune fille ne devient en somme intéressante que par ses rapports avec les hommes. La femme est du sexe faible et cependant il lui appartient beaucoup plus essentiellement qu'à l'homme de se trouver seule dans la jeunesse, elle doit se suffire à elle-même, mais c'est par une illusion et en elle qu'elle se suffit à elle-même; c'est de cette dot de princesse que la nature l'a partagée. Et c'est précisément cet abandon à l'illusion qui l'isole. Je me suis souvent demandé pourquoi il n'y a rien de plus funeste pour une jeune fille que de frayer beaucoup avec d'autres jeunes filles. Cela vient manifestement de ce que cette fréquentation n'est ni chair ni poisson; elle trouble l'illusion mais ne l'explique pas. La destinée la plus profonde de la femme est d'être la compagne de l'homme, mais la fréquentation avec son propre sexe provoque aisément à cet égard une réflexion qui fait d'elle une dame de compagnie au lieu d'une compagne. Le langage lui-même est à cet égard très significatif, car il traite l'homme de maître et la femme, non pas de servante ou d'autres choses pareilles, non il emploie une détermination d'essentialité, elle est compagne, non pas dame de compagnie. Si je devais m'imaginer l'idéal d'une jeune fille, elle devrait toujours être toute seule dans le monde et, par conséquent, livrée à elle-même, et surtout ne pas avoir d'amies. Il est bien vrai que les grâces étaient trois, mais personne, je pense, n'a eu l'idée de se les figurer parlant ensemble; dans leur trinité taciturne elles forment une belle unité féminine. A cet égard je serais presque tenté de recommander à nouveau les gynécées, si toutefois de son côté cette contrainte n'avait pas d'effets nuisibles. Il serait tout à fait désirable pour une jeune fille de garder toujours sa liberté, mais sans que l'occasion lui soit offerte. Alors elle sera belle et évitera de devenir intéressante. Il ne sert à rien de donner un voile de vierge ou de jeune mariée à une jeune fille qui fraie beaucoup avec d'autres jeunes filles; mais l'homme qui possède assez d'instinct esthétique trouvera qu'une jeune fille innocente, au sens le plus profond et le plus éminent du mot, lui sera toujours amenée voilée, bien que le voile nuptial ne soit pas de règle.

Je rends honneur à son père et à sa mère dans leur tombe pour l'éducation sévère qu'elle a eue, et elle vit si retirée que, de gratitude, je pourrais me jeter au cou de la tante. Elle ignore les plaisirs du monde, le blasement puéril lui est étranger. Elle est fière, elle résiste à ce qui fait le plaisir des autres jeunes filles, et c'est ce qu'il faut. Je saurai tirer profit de ce genre de mensonge. Luxe et parure ne lui offrent pas l'attrait qu'ils exercent sur d'autres jeunes; elle aime un peu à polémiser, mais c'est bien nécessaire pour une jeune fille possédant son exaltation. Elle vit dans le monde de l'imagination. Si elle tombait en des mains impropres, quelque chose de très peu féminin pourrait en résulter, justement parce qu'il y a tant de féminité en elle.

Le 30 mai.

Nos chemins s'entre-croisent un peu partout. Aujourd'hui je l'ai rencontrée trois fois. J'ai connaissance de ses moindres sorties, des endroits et des moments où je la rencontrerai; mais cela ne me sert pas à me ménager des tête-à-tête avec elle; au contraire, mon gaspillage à cet égard est énorme. Je peux prodiguer comme de pures bagatelles des rencontres qui souvent m'ont coûté des heures d'attente; je ne la rencontre pas, je ne fais que toucher la périphérie de son existence. Si je sais qu'elle doit aller chez Madame Jansen je ne tiens pas beaucoup à la rencontrer, à moins que j'aie grand intérêt à faire une observation quelconque; je préfère me rendre un peu avant chez Madame Jansen et si possible la rencontrer à la porte lorsqu'elle arrive et que moi je m'en vais, ou dans l'escalier, où alors, en hâte, je la dépasse négligemment. Ce sont là les premières mailles à resserrer autour d'elle. Je ne l'arrête pas dans la rue, ou je la salue sans jamais m'approcher d'elle, mais je la vise toujours de loin. Nos rencontres continuelles l'étonnent bien, elle sent sans doute qu'à son horizon est apparu un nouvel astre qui dans sa marche étrangement régulière exerce sur la sienne une influence troublante; mais elle n'a pas la moindre idée de la loi qui règle ce mouvement, elle est plutôt tentée de regarder à droite et à gauche pour découvrir, si possible, le point qui est le but; elle ignore autant que son antipode qu'elle est elle-même ce point. Il lui arrive la même chose qu'à mon entourage en général : ils pensent que je m'occupe d'un grand nombre d'affaires, car je suis en mouvement perpétuel et dis comme Figaro : une, deux, trois, quatre intrigues à la fois, voilà mon plaisir. D'abord il faut que je la connaisse dans toute sa vie spirituelle avant de commencer mon attaque. La plupart des gens jouissent d'une jeune fille comme ils jouissent d'un verre de champagne, c'est-à-dire en un instant mousseux, ah! oui c'est assez beau, et chez plus d'une jeune fille c'est sans doute tout ce qu'on peut atteindre; mais ici, il y a plus. Si l'individualité est trop faible pour supporter la clarté et la transparence, eh bien! on jouit de ce qui est obscur; Cordélia, elle, est apparemment capable de les supporter. Plus on apporte d'abandon dans l'amour, plus l'intérêt augmente. Cette jouissance de l'instant est un viol, en un sens spirituel, sinon en apparence, et dans un viol la jouissance n'est qu'imaginaire, elle est, comme un baiser dérobé, quelque chose qui ne vaut rien. Non, si on peut obtenir d'une jeune fille qu'elle n'ait qu'une seule mission pour sa liberté, celle de s'abandonner, qu'elle reconnaisse dans cet abandon son surpême bonheur, et qu'elle l'obtienne presque à force d'insistances, tout en restant libre, c'est alors seulement qu'on peut parler de jouissance, et pour y arriver l'influence spirituelle est toujours nécessaire.

Cordélia! Quel nom magnifique! – Je reste à la maison et je m'exerce à jaser comme un perroquet, je dis : Cordélia, Cordélia, ma Cordélia. Toi, ma Cordélia! Je ne peux pas m'empêcher de sourire à l'idée de la routine avec laquelle un jour, à un instant décisif, je prononcerai ces mots. Il faut toujours faire des études préalables, tout doit être bien au point. Quoi d'étonnant que les poètes peignent toujours ce premier moment du tutoiement, ce beau moment où les amoureux dépouillent le vieil homme, non pas par aspersion (bien qu'il y en ait beaucoup qui n'arrivent jamais plus loin), mais par descente dans les eaux de l'amour, sortent de ce baptême et alors seulement s'entendent bien comme d'anciennes connaissances, bien qu'ils ne se connaissent que depuis un instant. Une jeune fille ne connaît pas de moment plus beau, et afin de bien en jouir il faut qu'on se place toujours un peu au-dessus, de façon à être, non seulement catéchumène, mais aussi prêtre. A l'aide d'un peu d'ironie le second instant de ce moment devient des plus intéressants qui soient et équivaut à un déshabillage spirituel. Il faut avoir assez de poésie pour ne pas troubler l'acte, mais le farceur doit toujours être aux aguets.

Le 2 juin.

Elle est fière, je l'ai vu depuis longtemps. Lorsqu'elle se trouve avec les trois amies Jansen, elle parle très peu, il est évident que leur bavardage l'ennuie, un sourire autour de ses lèvres semble porter à le croire. Je compte sur ce sourire. – A d'autres moments elle peut presque s'emballer comme un garçon, au grand étonnement des Jansen. Mais en réfléchissant à sa vie d'enfance, je me l'explique assez bien. Elle n'avait qu'un seul frère, son aîné d'un an. Elle ne connaît que père et frère, elle a été témoin d'épisodes tristes, toutes choses qui vous donnent le dégoût du caquetage ordinaire. Son père et sa mère n'ont pas été heureux ensemble; ce qui attire ordinairement une jeune fille de manière plus ou moins précise ou obscure, ne l'attire pas. Il se pourrait même qu'elle ne sache quel est le vrai rôle d'une jeune fille. Peut-être pourrait-elle à certains instants désirer être non pas une jeune fille mais un homme.

Elle a de l'imagination, de l'âme, de la passion, bref tout ce qui est de nature substantielle, mais non pas subjectivement réfléchi. Aujourd'hui un cas précis me confirmait dans cette opinion. Je sais par la maison Jansen qu'elle ne fait pas de musique, c'est contre les principes de sa tante. Je l'ai toujours regretté, car par la musique on a toujours un moyen de communication commode avec une jeune fille, à condition bien entendu qu'on n'ait pas l'imprudence de poser au connaisseur. Aujourd'hui je suis allé chez Madame Jansen, j'avais entrouvert la porte sans frapper, impudence qui m'est souvent utile et à laquelle, souvent, lorsque c'est nécessaire, je remédie par le ridicule, c'est-à-dire en frappant sur la porte déjà ouverte – elle était là toute seule au piano – elle avait l'air de jouer à la dérobée – c'était un petit air suédois – sa dextérité n'était pas très grande, elle s'impatientait, mais ensuite des sons plus doux se faisaient entendre. Je fermai la porte et je restai dehors, écoutant les nuances de ses états d'âme; il y avait parfois dans son jeu une passion qui me rappelait Mettelil qui pinça la harpe d'or de manière à faire jaillir le lait de ses seins. – Il y avait quelque chose de mélancolique, mais aussi de dithyrambique dans sa diction. – J'aurais pu surgir alors, j'aurais pu saisir cet instant – c'eût été une bêtise. – Le souvenir n'est pas exclusivement un moyen de conservation, mais un moyen d'augmentation aussi, ce qui est pénétré du souvenir a un double effet. – On trouve souvent dans les livres, surtout dans des livres de cantiques, une petite fleur, – jadis un bel instant a dû être l'occasion de son dépôt, mais le souvenir est tout de même encore plus beau. Elle cache évidemment qu'elle joue au piano, ou peut-être ne joue-t-elle que ce petit air suédois? – présente-t-il un intérêt particulier pour elle? – De tout cela je ne sais rien, mais c'est pourquoi cet incident m'est de tant d'importance. Quand j'aurai l'occasion un de ces jours de parler plus intimement avec elle, je l'amènerai tout innocemment sur ce chapitre et je la ferai tomber dans cette trappe.

Le 3 juin.

Je ne peux pas encore décider comment il faut la comprendre; je me tiens donc tout tranquille, tout effacé – oui, comme une sentinelle en ligne qui se jette par terre pour écouter le moindre écho d'un ennemi qui avance. Car je n'existe pas pour elle, et ce n'est pas un rapport négatif, mais un rapport inexistant. Jusqu'ici je n'ai osé aucune expérience. – La voir et l'aimer, c'est ainsi qu'on s'exprime dans les romans – oui, c'est assez vrai à condition que l'amour n'ait pas de dialectique; mais après tout, qu'est-ce que les romans nous apprennent de l'amour? Rien que des mensonges qui aident à abréger la tâche.

D'après les renseignements qu'à présent je possède, quand je pense à l'impression que m'a faite la première rencontre, la conception que je me faisais d'elle a bien été modifiée, à son avantage aussi bien qu'au mien. Il est vrai qu'il n'arrive pas exactement tous les jours qu'une jeune fille aille ainsi toute seule, ni qu'elle s'enfonce ainsi en elle-même. Selon l'épreuve de ma sévère critique elle était : charmante. Mais le charme est un élément très fugace qui passe comme le jour d'hier lorsqu'il a pris fin. Je ne me l'étais pas figurée dans l'entourage où elle vit, ni surtout si immédiatement familiarisée avec les orages de la vie.

Je voudrais bien connaître ses véritables sentiments. Je pense qu'elle ne s'est jamais sentie amoureuse, car son esprit est trop en l'air pour cela, surtout elle n'appartient pas à la classe de ces vierges théoriquement expérimentées pour lesquelles, longtemps avant l'heure, il est si *geläufig*[1] de s'imaginer entre les bras d'un mari aimé. Les figures de la vie réelle qui sont venues à sa rencontre n'ont guère été capables d'embrouiller son esprit sur le rapport du rêve et de la réalité. Son âme est encore nourrie de l'ambroisie divine des idéals. Mais l'idéal qui flotte devant ses yeux, n'est sûrement pas une bergère ou une héroïne de roman, ni une amoureuse, mais une Jeanne d'Arc, ou quelque chose d'approchant.

Il reste toujours à savoir si sa féminité est assez forte pour la laisser se réfléchir, ou si elle désire seulement qu'on en jouisse comme on jouit de la beauté et du charme; il reste à savoir si on ose tendre la corde davantage encore. C'est déjà beaucoup de trouver une féminité immédiate, mais si on ose risquer le changement, on trouvera ce qui est intéres-

---

1. *Geläufig* : En allemand dans le texte : facile.

sant. Dans ce cas le mieux sera de lui mettre tout bêtement un prédendant sur les bras. C'est une superstition de la part des gens que de croire que cela serait nuisible à une jeune fille. – Oui, si elle est une plante très fine et délicate, qui n'a qu'un seul éclat dans sa vie : le charme, il est toujours mieux pour elle de n'avoir jamais entendu parler d'amour, mais sinon, c'est un gain, et je n'hésiterais jamais à amener un prétendant, s'il n'y en a pas déjà un. Mais ce prétendant ne doit pas non plus être une caricature, qui ne servirait à rien; il doit être un jeune homme réellement respectable, même aimable si possible, toutefois pas assez pour la passion de la jeune fille. Elle traitera un tel homme de haut en bas, elle perdra le goût de l'amour, elle perdra presque confiance dans sa propre réalité lorsqu'elle se rendra compte de sa destination et qu'elle verra ce que la réalité lui offre; elle dira : si aimer n'est que cela, ce n'est pas grand-chose. Elle devient fière dans son amour, cette fierté la rend intéressante, elle pénètre sa nature avec un incarnat supérieur; mais elle est en outre plus proche de sa perte, et tout cela la rend continuellement de plus en plus intéressante. Toutefois, le plus sage sera de se rendre compte d'abord du cercle de ses amis pour voir s'il existerait parmi eux un tel prétendant. Aucune occasion ne se présente chez elle, car presque personne n'y vient. Mais elle fréquente parfois d'autres familles où il serait peut-être possible d'en trouver un. Il est toujours précaire d'amener un prétendant avant d'être renseigné à cet égard; deux prétendants également insignifiants pourraient nuire par leur relativité. Enfin, je verrai bien si un tel amoureux ne se cache quelque part, un amoureux qui n'a pas le courage d'attaquer la maison, un voleur de poules qui ne voit aucune chance dans une maison aussi claustrale.

Le principe stratégique, la loi qui doit régler tous les mouvements dans cette campagne, sera donc de n'entrer en contact avec elle que lorsqu'une situation offrira de l'intérêt. « L'intéressant » constitue donc le terrain sur lequel la lutte doit être menée, le potentiel de l'intéressant doit être épuisé. A moins de m'être beaucoup trompé, toute sa nature y est aussi disposée, de sorte que ce que je demande est justement ce qu'elle donne, oui, ce qu'elle demande elle-même. L'essentiel est de guetter ce que chacune peut donner et, par conséquent, ce qu'elle demande. C'est pourquoi toutes mes aventures d'amour ont toujours une réalité pour moi-même, elles constituent un élément de la vie, une période de formation sur laquelle je suis bien fixé, et souvent une adresse particulière s'y attache : j'ai appris à danser à cause de la première jeune fille que j'aimais, j'ai appris à parler le français à cause d'une petite danseuse. En ce temps-là la place publique fut mon domaine, comme elle l'est pour tous les nigauds, et souvent je fus dupé. Aujourd'hui, je cherche d'abord à marchander. Mais peut-être a-t-elle épuisé un côté de l'intéressant, sa vie renfermée semble l'indiquer. Il s'agit donc de trouver un autre côté qui au premier coup d'œil ne lui paraisse pas l'être, mais qui – justement à cause de cet obstacle – lui devienne intéressant. A cette fin je ne choisis pas le poétique, mais le prosaïque. Débutons donc par là. D'abord sa féminité sera neutralisée par du bon sens et de la raillerie prosaïques, non pas directement, mais indirectement, ainsi que par ce qui est absolument neutre : l'esprit. Elle perdra presque sa féminité pour elle-même, mais dans cet état il lui sera impossible de s'isoler, elle se jettera dans mes bras, non pas comme si j'étais un amant, non, de manière tout à fait neutre; alors s'éveillera la féminité qu'on déniche pour l'amener à son élasticité suprême; on la fait se heurter contre quelque obstacle réel, elle passe outre; sa féminité atteindra un apogée presque surnaturel, et elle m'appartiendra avec une passion souveraine.

Le 5 juin.

Je n'avais pas besoin d'aller loin. Elle fréquente la famille de Monsieur Baxter, le négociant en gros. Là je l'ai rencontrée, mais aussi un homme qui vient à point dans mes projets. Edouard, le fils de la maison, est éperdument amoureux d'elle, c'est ce qu'on voit d'un œil en regardant les siens. Il travaille dans la maison de commerce de son père. C'est un jeune homme beau, assez agréable, un peu timide, ce qui à ses yeux, je crois, ne lui nuit pas.

Pauvre Edouard! Il ne sait pas du tout comment s'y prendre avec son amour. Quand il sait qu'elle est là le soir, il fait de la toilette exclusivement à cause d'elle, il met son nouvel habit noir exclusivement à cause d'elle, des manchettes exclusivement à cause d'elle, et il fait ainsi une figure presque ridicule dans le salon parmi les autres personnes en costume de tous les jours. Son embarras approche du miracle, et s'il était un masque, Edouard ne serait pas un concurrent dangereux. Il est très difficile de se servir de l'embarras, mais aussi on y gagne beaucoup. Souvent je m'en suis servi pour dérouter une petite demoiselle. Les jeunes filles parlent généralement avec beaucoup de dédain des hommes embarrassés, mais secrètement elles les aiment bien. Un peu d'embarras flatte la vanité d'une telle jeune fille, elle sent sa supériorité, c'est comme une prime qu'on lui accorde. Les ayant endormies, on choisit une occasion où elles auraient justement raison de penser qu'on meurt d'embarras pour leur montrer que, tout au contraire, on est très capable de marcher tout seul. L'embarras prive les hommes de leur caractère masculin, et c'est pourquoi il sert relativement bien à équilibrer les sexes, et les femmes se sentent par conséquent humiliées si elles aperçoivent qu'il ne s'agissait que d'un masque, elles rougissent en elles-mêmes, et elles comprennent très bien qu'en une certaine façon elles ont dépassé leur limite; c'est comme lorsqu'elles continuent trop longtemps à traiter un garçon comme un enfant.

Le 7 juin.

Nous voilà donc amis, Edouard et moi; une vraie amitié, les meilleures relations existent entre nous, comme on n'en a pas connu depuis la plus belle époque de la Grèce. Nous sommes vite devenus intimes après que je l'ai amené à me confier son secret, mais seulement après l'avoir engagé dans de nombreux commentaires touchant Cordélia. Il va sans dire qu'en raison de tous ces secrets réunis, celui-là pouvait bien s'y ajouter. Pauvre garçon! depuis longtemps déjà il soupire. Il se fait beau chaque fois qu'elle vient, ensuite il l'accompagne lorsqu'elle rentre le soir, son cœur bat à l'idée que son bras repose sur le sien, en route ils observent les étoiles, il tire la sonnette de la maison, elle disparaît, il désespère – mais garde l'espoir pour la prochaine fois. Il n'a pas encore eu le courage de poser ses pieds sur le seuil de sa porte, lui qui a eu des chances aussi superbes. Bien que je ne puisse m'empêcher au fond de moi-même de railler Edouard, je trouve tout de même qu'il y a quelque chose de beau dans sa candeur. Bien que je m'imagine connaître assez tout ce qui constitue l'érotisme, je n'ai jamais observé un état pareil chez moi-même, cette angoisse et ce tremblement de l'amour, c'est-à-dire que je ne l'ai pas constaté à un degré tel qu'il m'ait fait perdre la contenance, car autrement je le connais bien, mais sur moi il a pour effet de me rendre plutôt plus fort. Quelqu'un dirait peut-être qu'alors je n'ai jamais dû être véritablement amoureux; c'est possible. J'ai blâmé Edouard, je l'ai encouragé à se fier à notre amitié. Demain il aura à faire une démarche décisive, il doit personnellement aller chez elle pour l'inviter. J'ai eu l'idée atroce de l'amener à me prier de l'accompagner. Il la tient pour une preuve exceptionnelle d'amitié. L'occasion se présente exactement comme je l'avais désirée, c'est-à-dire que j'y pénétrerai en coup de vent. Si elle avait le moindre doute sur la signification de ma conduite, celle-ci saura bien tout embrouiller à nouveau.

Je n'ai jamais eu l'habitude de me préparer à une conversation, mais maintenant j'y suis forcé afin de pouvoir m'entretenir avec la tante. Car j'ai assumé la charge respectable de causer avec elle et de couvrir ainsi les avances amoureuses d'Edouard envers Cordélia. La tante a autrefois résidé longtemps à la campagne, et grâce à mes propres études très poussées d'ouvrages d'économie rurale, ainsi qu'aux renseignements basés sur ses propres expériences que la tante m'a donnés, je fais des progrès dans mes connaissances et dans mes aptitudes.

Mon succès auprès de la tante est complet, elle me considère comme un homme posé et sage, avec lequel on peut avoir plaisir à causer et qui diffère de nos élégants ridicules. Il ne semble pas que je sois particulièrement dans les bonnes grâces de Cordélia. Il est vrai qu'elle a une féminité trop pure et trop innocente pour exiger que tout homme lui fasse la cour, mais elle a trop l'intuition de ce qui est rebelle dans mon existence.

Quand je me trouve ainsi installé dans le salon si accueillant, lorsque comme un ange elle répand son charme un peu partout, sur ceux qui entrent en contact avec elle, sur les bons et sur les méchants, je me sens parfois impatient; je suis tenté de m'élancer de ma cachette; car, bien qu'aux yeux de tout le monde je sois assis dans le salon, je suis pourtant aux aguets; je me sens tenté de saisir sa main, d'embrasser la jeune fille, de la cacher en moi par crainte de me la voir ravie par un autre. Aussi, quand Edouard et moi nous les quittons le soir et qu'elle me tend la main pour me dire au revoir, quand je la tiens dans la mienne, il m'est parfois difficile de laisser cet oiseau s'échapper de ma main. Patience! – *quod antea fuit impetus, nunc ratio est* – elle doit être resserrée tout autrement dans mes mailles et, ensuite, je laisserai toute la puissance de l'amour s'élancer. Cet instant-là n'a pas été gâté pour nous par des friandises, par des anticipations intempestives, et tu peux m'en remercier, ma Cordélia. Je travaille à développer le contraste, je tends l'arc de l'amour afin de produire une blessure plus profonde. Comme un archer je tends et détends tour à tour la corde, j'entends sa mélodie, c'est ma musique de guerre, mais je ne vise pas encore, je ne pose pas encore la flèche sur la corde.

Quand un petit nombre de personnes s'assemblent souvent dans la même pièce, une tradition se crée aisément selon laquelle chacun aura sa propre place, son poste, le tout devient un tableau qu'à tout instant on peut dérouler devant soi, une carte du terrain. A présent nous autres formons aussi ensemble un tableau dans la maison des Wahl. Le soir on sert le thé. La tante, qui jusque-là était assise dans le sopha, prend alors généralement place devant la petite table à ouvrage d'où Cordélia se retire pour s'approcher de la table à thé devant le sopha, Edouard la suit et moi je suis la tante. Edouard fait le cachottier, il veut chuchoter et en général il le fait si bien qu'il devient complètement muet; je ne fais pas de mystère de mes effusions vis-à-vis de la tante, je parle des cours du marché, du nombre de pots de lait qu'il faut pour faire une livre de beurre, je me sers du médium de la crème et de la dialectique de la baratte, – voilà des choses qu'une jeune fille peut non seulement écouter sans en souffrir, mais qui en outre, ce qui est beaucoup plus rare, constituent une conversation solide, substantielle et édifiante, également ennoblissante pour l'esprit et pour le cœur. Je tourne généralement le dos à la table à thé et aux rêveries d'Edouard et de Cordélia, je rêve avec la tante. Et la nature, n'est-elle pas grande et sage quand il s'agit de ses productions? Quel don précieux ne constitue par le beurre, quel résultat magnifique de nature et d'art! Je suis presque sûr que la tante ne serait pas capable d'entendre ce qui se dit entre Edouard et Cordélia, pourvu toutefois que quelque chose soit réellement dit, c'est ce que j'ai promis à Edouard et je tiens toujours parole. Par contre, j'entends très bien chaque mot échangé entre eux, même chaque petit mouvement. Cela m'importe, car on ne peut pas savoir ce qu'un homme en son désespoir peut songer à risquer. Les hommes les plus prudents et les plus craintifs risquent parfois les choses les plus folles. Bien que je ne m'occupe en rien de ce qui se passe entre les deux jeunes gens solitaires, il est clair que Cordélia sent très bien que je suis toujours invisiblement présent entre elle et Edouard.

C'est tout de même un tableau singulier que nous formons tous les quatre. Si je devais penser à des tableaux connus je trouverais bien une analogie, d'autant plus qu'en mon for intérieur je pense à Méphistophélès; mais la difficulté est qu'Edouard n'est pas un Faust. Et si je me métamorphose moi-même en Faust, la difficulté de nouveau serait qu'Edouard n'est sûrement pas un Méphistophélès. Et moi non plus je ne suis pas un Méphistophélès, surtout pas aux yeux d'Edouard. Il me prend pour le bon génie de son amour, et il fait bien, il peut tout au moins être sûr que personne ne pourrait veiller sur son amour avec plus de soins que moi. Je lui ai promis de converser avec la tante et je m'acquitte très sérieusement de cette tâche respectable. La tante disparaît presque devant nos yeux en pure et simple économie rurale; nous visitons la cuisine, la cave, les combles, nous nous occupons des poules, des canards et des oies, etc., et tout cela choque Cordélia. Elle ne peut naturellement pas se rendre compte de mes véritables intentions. Je reste une énigme pour elle, mais une énigme qu'elle n'a pas envie de deviner et qui l'irrite, oui, l'indigne. Elle sent très bien que la tante se rend presque ridicule, et la tante est pourtant une dame si digne de vénération que certainement elle ne le mérite pas. D'autre part je joue mon rôle si bien qu'elle sent parfaitement qu'il serait inutile de tâcher de m'ébranler. Parfois je le pousse jusqu'à faire sourire Cordélia en cachette de la tante. Je reste invariablement extrêmement sérieux, mais elle ne peut pas s'empêcher de sourire. C'est la première leçon fausse, il faut qu'on lui apprenne à sourire ironiquement; mais ce sourire s'adressera à moi presque autant qu'à la tante; car elle ne sait pas du tout que penser de moi. Il est pourtant possible que je sois un de ces jeunes hommes trop tôt vieillis, – c'est toujours possible; d'autres choses sont possibles également. Après avoir souri de la tante elle s'indigne d'elle-même, alors je me retourne et, tout en continuant à causer avec la tante, je la regarde très gravement, alors elle sourit de moi, de la situation.

Nos rapports ne sont pas ceux des embrassements tendres et fidèles de la compréhension, ni ceux des attraits, mais ceux des répulsions de la mésintelligence. En effet, mes rapports avec elle ne ressemblent à rien du tout; ils sont de nature spirituelle, ce qui naturellement n'est rien du tout pour une jeune fille. Ma méthode actuelle présente pourtant des avantages exceptionnels. Quand on pose au galant, on éveille un soupçon et on suscite une résistance contre soi-même; de tout cela je suis quitte. On ne me surveille pas, au contraire, on serait plutôt enclin à me regarder comme un homme de confiance qualifié pour surveiller une jeune fille. La méthode n'a qu'un défaut, elle prend du temps et elle ne peut donc être employée avec avantage qu'à l'égard d'individus chez qui l'intéressant est l'enjeu.

Quelle force rajeunissante chez une jeune fille; ni la fraîcheur de l'air du matin ou celle de la mer, ni le sifflement du vent, ni le bouquet du vin ou sa saveur – rien au monde ne possède une pareille force rajeunissante.

J'espère que je l'aurai bientôt amenée à me haïr. J'ai entièrement pris l'aspect d'un vieux garçon. Je ne parle que de m'installer confortablement dans un bon fauteuil, de me coucher commodément, d'avoir un valet honnête et un ami au pied ferme en qui on ait confiance lorsqu'on se promène à son bras. Si à présent je réussis à amener la tante à lâcher les réflexions sur l'économie rurale, c'est de ces choses-là que je l'entretiendrai afin de trouver une occasion plus directe pour ironiser. On peut rire d'un vieux garçon et même prendre pitié de lui, mais un jeune homme, qui cependant a un peu d'esprit, révolte une jeune fille par une conduite pareille, toute la signification de son sexe, toute sa beauté et sa poésie sont anéanties.

Les jours se passent ainsi, je la vois mais ne lui parle pas, je parle avec la tante en sa présence. Mais parfois, pendant la nuit, il m'arrive de donner libre cours à mon amour. Alors je me promène devant ses fenêtres, enveloppé dans mon manteau et avec ma coiffe sur les yeux. Sa chambre à coucher donne sur la cour, mais, la maison étant située au coin, on la voit de la rue. Parfois elle reste pour un instant à la fenêtre ou elle l'ouvre, regarde vers les étoiles, et nul ne la voit sauf celui qui est sans doute le dernier par lequel elle se croirait observée. A ces heures indues je rôde alors comme un esprit, comme un esprit j'habite l'endroit où se trouve sa demeure. Alors j'oublie tout, je n'ai pas de projets, je ne fais aucuns calculs, je jette la raison par-dessus bord, je dilate et je fortifie mon cœur par de profonds soupirs, exercice qui m'est nécessaire pour ne pas être gêné par ce qu'il y a de systématique dans ma conduite. D'autres sont vertueux de jour et pèchent la nuit, moi je suis pure dissimulation pendant le jour, et la nuit je ne suis que désirs. Ah! si elle pouvait pénétrer mon âme – si!

Si cette jeune fille désire voir clair en elle-même, elle doit avouer que je suis son homme. Elle est trop passionnée, elle s'émeut trop profondément pour devenir heureuse dans le mariage; ce serait trop peu de la laisser se

perdre dans les bras d'un pur et simple séducteur; si elle se perd grâce à moi, elle sauvera
de ce naufrage ce qui est intéressant. Par
rapport à moi elle doit, selon un jeu de mots
des philosophes : *zu Grunde gehen*.

Elle en a assez au fond d'écouter Edouard.
Comme il en va toujours quand des limites
étroites ont été données à ce qui est intéressant, on en découvre d'autant plus. Elle écoute
parfois ma conversation avec la tante. Quand
je le sens, un indice, qui point à l'horizon,
arrive d'un tout autre monde, à l'étonnement
de la tante aussi bien que de Cordélia. La
tante voit l'éclair mais n'entend rien, Cordélia
entend la voix mais ne voit rien. Mais au
même instant tout rentre dans l'ordre paisible,
la conversation avec la tante va son train
monotone comme les chevaux de poste dans
le silence de la nuit; le ronron mélancolique
de la fontaine à thé l'accompagne. Dans ces
moments-là l'atmosphère du salon devient
parfois lugubre, surtout pour Cordélia. Elle
n'a personne à qui parler, ni à écouter. Si elle
se retourne vers Edouard elle court le risque
que dans son embarras il fasse une bêtise; se
retourne-t-elle de l'autre côté, vers la tante et
moi, la sûreté qui y règne, les coups de mar-
teau monotones de la conversation bien
cadencée, en face du manque d'assurance
d'Edouard, créent le contraste le plus désagréable. Je comprends bien qu'il doit sembler

à Cordélia que c'était comme si la tante avait été ensorcelée, car elle se meut entièrement dans le mouvement de ma mesure. Elle ne peut pas non plus prendre part à cet entretien; car un des moyens dont je me suis permis de me servir pour la révolter, est de la traiter tout à fait en enfant. Non que pour cela je me permette de prendre des libertés avec elle, tant s'en faut! Je sais bien quel trouble en peut résulter, et ce qui compte surtout est que sa féminité puisse se redresser dans toute sa pureté et sa beauté. En raison de mes rapports intimes avec la tante il m'est facile de la traiter comme une enfant qui ne connaît pas les choses de ce monde. Ainsi je ne froisse pas sa féminité, je ne fais que la neutraliser; car sa féminité ne peut pas être froissée par la connaissance des cours du marché; ce qui peut la révolter, c'est que cela représente l'intérêt suprême de la vie. Grâce à mon aide énergique la tante se surpasse elle-même à cet égard. Elle est devenue presque fanatique, ce dont elle peut me remercier. La seule chose chez moi qu'elle ne peut pas admettre, c'est que je n'aie aucun métier. J'ai à présent pris l'habitude de dire chaque fois qu'on parle d'un emploi vacant : c'est quelque chose pour moi, et ensuite d'en parler très gravement avec elle. Cordélia voit toujours l'ironie, mais c'est tout ce que je désire.

Pauvre Edouard! Dommage qu'il ne s'appelle pas Fritz. Chaque fois que dans mes méditations je m'arrête à mes rapports avec lui, je suis toujours amené à penser à Fritz dans « La Fiancée ». Comme son modèle, Edouard est en outre caporal dans la garde nationale. Et, s'il faut le dire, Edouard est aussi assez ennuyeux. Il ne s'y prend pas de la bonne façon, il arrive toujours bien paré et empesé. Par amitié pour lui, mais *unter uns gesagt*[1], moi j'arrive aussi peu soigné que possible. Pauvre Edouard! La seule chose qui me fait presque de la peine, c'est qu'il m'est infiniment obligé, à tel point qu'il ne sait presque pas comment me remercier. M'en laisser remercier, c'est vraiment trop.

Eh quoi? ne pouvez-vous pas vous tenir tranquilles? Toute la matinée qu'est-ce que vous avez fait d'autre que de secouer mon store, d'ébranler mon miroir réflecteur et le cordon qui est à côté, de jouer avec la sonnette du troisième, de frapper aux vitres, bref, d'annoncer votre présence de toutes les façons comme pour me faire signe de vous rejoindre. Oui, le temps est assez beau, mais je n'ai pas envie de sortir, laissez-moi ici... Vous, zéphyrs folâtres et espiègles! Vous les joyeux garçons, vous pouvez bien aller tout seuls;

1. *Unter uns gesagt :* En allemand dans le texte : entre nous.

amusez-vous comme toujours avec les jeunes filles. Oui, je le sais, personne ne sait embrasser une jeune fille de manière aussi séduisante que vous; il est inutile qu'elle essaie de vous échapper, elle ne peut pas se dégager de vos tentacules – et elle ne le veut pas non plus; car vous rafraîchissez et vous calmez, vous n'excitez pas... allez votre propre train, laissez-moi dehors... Alors : pas de plaisir sans moi, pensez-vous, vous ne le faites pas à cause de vous-mêmes... Eh bien, je vous suis; mais à deux conditions. D'abord! Il habite à Kongens Nytorv une jeune fille très délicieuse, qui a en outre l'impudence de ne pas vouloir m'aimer, oui, ce qui est pire, elle en aime un autre, et ils en sont déjà à se promener ensemble au bras l'un de l'autre. Je sais qu'à une heure il doit aller la chercher. Maintenant il faut me promettre que ceux parmi vous qui savent le mieux souffler restent cachés quelque part, tout près jusqu'au moment où il sortira de la porte avec elle. A l'instant même où il voudra s'engager dans Store Kongensgade, ce détachement s'élancera, et de la façon la plus polie lui enlèvera le chapeau de la tête en le laissant danser devant lui, à distance d'environ une aune et à une vitesse modérée; pas plus vite, car il serait possible qu'il rentre à la maison. Il ne cessera de penser qu'à l'instant après il le saisira; il ne lâchera même pas le bras de la jeune fille. C'est ainsi que vous les conduirez tout le long de Store Kongensgade, par les

remparts jusqu'à Nörreport, à Höjbroplads...
Combien de temps faudra-t-il? Une demi-
heure environ, je pense. A une heure et demie
exactement j'y arriverai de Ostergade. Ledit
détachement ayant amené les amoureux jusqu'au milieu de la place, une attaque violente
contre eux se déclenchera, au cours de
laquelle vous emportez le chapeau de la jeune
fille, vous mettez ses boucles en désordre,
vous enlevez son châle, tandis qu'en même
temps le chapeau du jeune homme se met
joyeusement à monter de plus en plus en l'air;
bref, vous créerez une confusion qui provo-
quera un éclat de rire de la part, non seulement de moi, mais aussi de l'excellent public.
Les chiens se mettent à aboyer, le gardien de
la tour à sonner le tocsin, et vous aurez soin
que le chapeau de la jeune fille s'envole vers
moi qui serai le veinard qui aura à le lui
rendre – Ensuite, seconde condition! Le détachement qui me suivra m'obéira au doigt et à
l'œil, il n'outrepassera pas les limites de la
bienséance, n'offensera aucune jeune fille, et
ne prendra pas de libertés qui, pendant toute
cette farce, pourraient gâter sa joie, priver ses
lèvres de leur sourire ou ses yeux de leur
calme et angoisser son cœur. Si l'un quelconque de vous se comporte autrement, vous
serez tous maudits. – Et maintenant en route
pour la vie et pour la joie, pour la jeunesse et
la beauté; montrez-moi ce que j'ai vu si souvent et ce que je ne me lasserai jamais de

100

regarder, montrez-moi une belle jeune fille, faites-la s'épanouir dans toute sa beauté de sorte qu'elle devienne elle-même encore plus belle; observez-la au point qu'elle trouve plaisir à cet examen! – Je choisis de passer par Bredgaden, mais comme vous le savez, je ne suis libre que jusqu'à une heure et demie.

Voilà une jeune fille élégante et empesée qui arrive, mais aussi c'est dimanche aujourd'hui... Tempérez-la un petit peu, éventez-la de fraîcheur, glissez doucement au-dessus de sa tête, enlacez-la en l'effleurant innocemment! Oh! que je devine le teint finement rosé de ses joues, les lèvres prennent un coloris plus prononcé, le sein se soulève... N'est-ce pas vrai? ma petite, c'est une béatitude au-delà de toute expression que d'aspirer ce souffle si plein de fraîcheur? Sa collerette se berce comme une feuille. Comme elle respire sainement et fortement. Sa marche se ralentit, elle est presque portée par la douce brise, comme une nuée, comme un rêve... Soufflez un peu plus, par des souffles plus longs!... Elle se recueille; les bras s'approchent du cou qu'elle couvre avec plus de précaution pour qu'aucun souffle ne soit assez indiscret pour se faufiler lestement et fraîchement sous le léger tissu... Elle rougit plus sainement, les joues prennent plus d'ampleur, les yeux sont plus transparents, la marche plus rythmée. Toute tribulation embellit les êtres. Toute jeune fille devrait s'éprendre des zéphyrs; car aucun homme ne sait tout de même mieux qu'eux relever sa beauté tout en luttant avec elle... Elle se penche un peu, la tête est tournée vers la pointe des pieds... Arrêtez-vous un peu! C'est trop, sa taille s'élargit, elle perd sa belle sveltesse... Eventez-la un peu!... N'est-ce pas vrai? ma petite; il est fortifiant quand on s'est échauffé de sentir ces légers frissons rafraîchissants; on serait enclin à ouvrir ses bras de gratitude, de joie de vivre... Elle se tourne de côté... Vite alors un souffle vigoureux, pour que je puisse deviner la beauté des formes!... Plus de vigueur! pour que l'étoffe épouse mieux les formes... C'est trop! Son attitude n'est plus belle, et son pas leste est gêné... Elle se retourne à nouveau... Maintenant, soufflez davantage, qu'elle s'essaie!... C'est assez, c'est trop : une de ses boucles tombe... je vous prie, maîtrisez-vous! – Et voilà tout un régiment qui approche :

> *Die eine ist verliebt gar sehr;*
> *Die andre wäre es gerne.*

Oui, c'est indéniablement un piètre emploi dans la vie que de se promener avec son futur beau-frère au bras gauche. Pour une jeune fille cela représente à peu près ce que signifie pour un homme le poste de commis auxiliaire... Mais le commis auxiliaire peut avancer; il a en outre sa place au bureau, il est présent aux occasions exceptionnelles, – mais le lot d'une belle-sœur? Par contre, son avancement se fait avec moins de lenteur – à ce moment-là, lorsqu'elle a son avancement et change de place dans les bureaux... Maintenant, soufflez, soufflez un peu plus vite! Lorsqu'on a un appui bien ferme, on sait bien résister... le centre s'avance fortement, les ailes ne peuvent pas suivre... Il est assez solidement campé, le vent ne peut pas l'ébranler, il est trop lourd – mais il est aussi trop lourd pour que les ailes puissent le soulever de terre. Il fonce en avant afin de montrer, quoi? – qu'il est un corps lourd; mais plus il reste immobile, plus les jeunes filles en souffrent... Mes belles dames, permettez-moi un bon conseil, s'il vous plaît : plantez là votre futur mari, votre futur beau-frère, essayez-vous toutes seules, et vous verrez le plaisir que vous en aurez... maintenant soufflez un peu plus doucement!... comme elles se débattent dans les vagues du vent; tantôt elles se trouvent les unes en face de l'autre en s'envolant des deux côtés de la rue – une musique de danse quelconque peut-elle produire une gaieté plus joyeuse? et cependant le vent n'épuise pas, il fortifie... Maintenant elles se ruent d'un train de tempête et à pleines voiles le long de la rue – une valse quelconque peut-elle de manière plus séduisante griser une jeune fille, et le vent ne fatigue pas, mais porte... N'est-ce pas? un peu de résistance est agréable, on se bat volontiers pour entrer en possession de ce qu'on aime; et

on atteint sûrement ce pour quoi on se bat, il
y a une Providence qui vient en aide à
l'amour, et voilà pourquoi l'homme a le vent
arrière... Ne l'ai-je pas bien arrangé? lorsqu'on
a soi-même le vent arrière il est facile de
doubler le bien-aimé, mais si on a vent debout
le mouvement devient agréable et on se réfu-
gie auprès de lui; le souffle du vent vous rend
plus saine, plus attrayante, plus séduisante, il
rafraîchit ce que les lèvres doivent donner et
qui de préférence doit être dégusté froid
parce que c'est si brûlant, de même que le
champagne chauffe tout en glaçant presque...
Comme elles rient, comme elles bavardent, –
et le vent enlève les mots – et de quoi parler
aussi? – et elles rient à nouveau et s'inclinent
devant le vent, retiennent leurs chapeaux et
surveillent les pieds... Arrêtez maintenant
pour que les jeunes filles ne s'impatientent
pas et se fâchent contre nous, ou prennent
peur de nous! – C'est parfait; résolue et puis-
sante, la jambe droite en avant... quel regard
hardi et crâne elle jette à la ronde... Si je vois
juste, elle donne bien le bras à quelqu'un, elle
est donc fiancée. Voyons, mon enfant, quelle
étrenne l'arbre de Noël de la vie t'a offerte...
Ah! oui, il a bien l'air d'être un fiancé de tout
repos. Elle est donc au premier stade des
fiançailles, elle l'aime – c'est bien possible,
mais son amour voltige librement autour de
lui en cercles vastes et spacieux; elle possède
encore ce manteau de l'amour qui peut en

envelopper beaucoup d'autres... Un peu plus de souffle, mes amis!... Oui, quand on marche si vite il n'est pas étonnant que les brides du chapeau se serrent pour résister au vent, que celles-ci comme des ailes flottent au gré des caprices du vent, de même que cette figure légère – et son amour – comme un voile d'elfes. Oui, lorsqu'on regarde l'amour ainsi, il a l'air d'être assez extensible; mais lorsqu'il faut s'en revêtir, lorsque le voile doit être refait en une robe de tous les jours – alors on ne peut pas s'offrir le luxe de beaucoup de bouffants... Eh, mon Dieu! si on a le courage de risquer un pas décisif pour toute la vie, n'aurait-on pas le courage aussi d'aller directement contre le vent? Qui en doute? pas moi; mais du calme, ma petite demoiselle, du calme. Le temps châtie durement, et le vent aussi peut être dur... Taquinez-la un peu!... Qu'est devenu le mouchoir?... Ah bien! vous l'avez tout de même retrouvé... Et voilà, l'une des brides du chapeau qui se desserre... que c'est désagréable en présence de votre futur... Là, une amie arrive qu'il faut saluer. C'est la première fois qu'elle vous voit depuis que vous êtes fiancée, et c'est bien pour vous montrer comme telle que vous vous promenez ici dans la Bredgade et avec l'intention de vous rendre ensuite à Langelinie. Autant que je sache, les nouveaux mariés ont pour habitude d'aller à l'église le premier dimanche après le mariage, tandis que les fiancés vont à

105

Langelinie. Oui, aussi les fiançailles ont généralement beaucoup en commun avec Langelinie... Maintenant prenez garde, le vent attrape
le chapeau, retenez-le un peu, penchez la tête.
Quelle fatalité! vous n'avez pas du tout pu
saluer votre amie, il vous manquait le calme
qui permet à une jeune fiancée, avec la mine
altière requise, de saluer les non-fiancées...
Soufflez maintenant un peu plus doucement!...
Les jours meilleurs approchent... Comme elle
s'accroche au bien-aimé, elle est si loin devant
lui qu'elle peut retourner la tête, lever les
yeux vers lui et s'en réjouir, lui qui est son
trésor, son bonheur, son espérance, son avenir... Oh! ma petite, tu exagères... car n'est-ce
pas grâce à moi et au vent qu'il a une mine si
superbe? Et n'est-ce pas également grâce à
moi et à la douce brise, qui a présent te guérit
et te fait oublier ta douleur, que toi-même tu
parais être si saine de corps et d'esprit, et si
pleine d'espérance et de pressentiments?

> *Og jeg vil ikke have en Student,*
> *Som ligger og læser om Natten,*
> *Men jeg vil have en Officer,*
> *Som gaaer med Fjer udi Hatten.*

On le voit tout de suite en te regardant, ma
petite, il y a quelque chose dans ton regard...
Non, un étudiant ne fait nullement ton
affaire... Mais pourquoi justement un officier?
Un licencié ayant terminé ses années d'études,

106

ne pourrait-il faire aussi bien?... Toutefois, pour le moment, je ne peux vous fournir ni un officier, ni un licencié. Mais je peux t'envoyer quelques souffles tempérés et rafraîchissants... Soufflez un peu plus!... Très bien, rejette le châle de soie sur ton épaule; va tout lentement, les joues pâliront bien un peu et l'éclat des yeux sera moins ardent!... C'est cela. Un peu de mouvement, surtout dans un temps aussi délicieux qu'aujourd'hui, et enfin un peu de patience, avec cela vous aurez bien votre officier. – Les deux qui viennent là sont bien accouplés. Quels mouvements soutenus, quelle sûreté dans toute la tenue, qui témoigne d'une confiance réciproque, quelle *harmonia praestabilita* dans tous les mouvements, quelle belle suffisance! Leurs attitudes manquent de légèreté et de grâce, ils ne dansent pas l'un avec l'autre, non il y a en eux de la durée, de la franchise, sources d'un espoir infaillible et qui inspirent l'estime réciproque. Je parie que leur conception de la vie se réduit à ceci : la vie est un chemin. Aussi ils semblent destinés à se promener bras dessus bras dessous à travers les joies et les chagrins de la vie. Ils s'accordent si bien que la dame a même renoncé à son privilège sur les dalles du trottoir... Mais, chers zéphyrs, pourquoi vous affairer tellement avec ce couple qui ne semble pas mériter votre attention? Y aurait-il quelque chose de particulier à remarquer?

mais il est une heure et demie, en route pour Höjbroplads!

On ne croirait pas possible de prévoir avec justesse et dans ses moindres détails l'histoire du développement intime d'un être. Cela montre combien Cordélia est saine de corps et d'esprit. Oui, c'est vrai, c'est une excellente jeune fille. Bien que placide, modeste et simple, inconsciemment elle a en elle une énorme exigence. – Tout cela m'a frappé aujourd'hui en la voyant entrer par la porte extérieure de la maison. Le peu de résistance qu'une bouffée de vent peut faire semble éveiller toutes les puissances en elle, sans pourtant qu'une lutte intérieure se produise. Elle n'est pas une petite jeune fille insignifiante qui disparaît entre les doigts, ni si frêle qu'on a presque peur de la voir se casser si on la regarde; mais elle n'est pas non plus une fleur de luxe pleine de prétentions. C'est pourquoi je peux comme un médecin avoir plaisir à observer tous les symptômes de cette histoire d'une bonne santé.

Peu à peu mes attaques commencent à s'approcher d'elle, à devenir plus directes. Si je devais indiquer ce changement de tactique

dans mes rapports avec la famille, je dirais
que j'ai tourné ma chaise de façon à la voir de
côté. Je m'occupe un peu plus d'elle, je lui
adresse la parole, je lui arrache des réponses.
Son âme est passionnée, violente, et sans que
des réflexions insensées et vaines l'aient aigui-
sée vers les bizarreries, elle ressent un besoin
d'exceptionnel. Mon ironie sur la méchanceté
des hommes, ma raillerie de leur lâcheté et de
leur tiède indolence l'intéressent. Elle aime, je
crois, à conduire le char du Soleil à travers la
voûte du ciel, à s'approcher trop de la terre et
à griller un peu les hommes. Mais elle n'a pas
confiance en moi et jusqu'ici j'ai mis obstacle à
toute tentative de rapprochement, même spirituel. Il faut qu'elle prenne plus de force en
elle-même avant que je la laisse s'appuyer sur
moi. Par intervalles on pourrait bien avoir
l'impression que c'est d'elle que j'aimerais
faire une confidente dans ma franc-maçonne-
rie, mais aussi ce n'est que par intervalles. Son
développement doit se faire en elle-même; elle
doit se rendre compte du ressort de son âme,
elle doit s'essayer à soupeser le monde. Ce
qu'elle a à dire et ses yeux me montrent
aisément les progrès qu'elle fait; une seule fois
j'y ai aperçu une rage d'anéantissement. Il faut
qu'elle ne me soit redevable de rien; car elle
doit se sentir libre, l'amour ne se trouve que
dans la liberté, et ce n'est qu'en elle qu'il y a
de la récréation et de l'amusement éternel.
Car bien que je vise à ce que par la force des

choses, pour ainsi dire, elle tombe dans mes bras et que je m'efforce à la faire graviter vers moi, il faut pourtant aussi qu'elle ne tombe pas lourdement, mais comme l'esprit qui gravite vers l'esprit. Bien qu'elle doive m'appartenir, cela ne doit pas s'identifier avec la laideur d'un fardeau qui pèse sur moi. Elle ne doit pas plus m'être une attache au physique qu'au moral une obligation. Seul le jeu propre de la liberté doit régner entre nous deux. Elle doit être assez légère pour que je puisse la prendre à bout de bras.

Cordélia occupe presque trop mon esprit. Je perds de nouveau mon équilibre, non pas devant elle lorsqu'elle est présente, mais, au sens le plus strict, lorsque je suis seul avec elle. Il m'arrive de soupirer après elle, non pas pour parler avec elle mais seulement pour laisser son image planer devant mes yeux; je peux me glisser après elle lorsque je sais qu'elle est sortie, non pas pour être vu mais pour la voir. L'autre soir nous sommes partis ensemble de chez les Baxter; Edouard l'accompagnait. Je me suis séparé d'eux en toute hâte et me suis enfui par une autre rue où mon valet m'attendait. En moins de rien je me suis changé et je l'ai rencontrée une seconde fois sans qu'elle s'en doute. Edouard était muet comme toujours. Je suis bien amoureux, bien sûr, mais non pas au sens propre, et à cet égard il faut aussi être très prudent, car les conséquences sont toujours dangereuses; et on ne l'est qu'une seule fois, n'est-ce pas? Mais le dieu de l'amour est aveugle, et si on est malin on réussit bien à le duper. Par rapport aux impressions l'art consiste à être aussi réceptif que possible et à savoir celle qu'on fait sur toute jeune fille et celle qu'elles vous font. On peut ainsi être amoureux de maintes à la fois; parce qu'on les aime de différentes façons. Aimer une seule est trop peu; aimer toutes est une légèreté de caractère superficiel; mais se connaître soi-même et en aimer un aussi grand nombre que possible, enfermer dans son âme toutes les puissances de l'amour de manière que chacune d'elles reçoive son aliment approprié, en même temps que la conscience englobe le tout – voilà la jouissance, voilà qui est vivre.

Le 3 juillet.

Au fond, Edouard ne peut pas se plaindre de moi. Il est bien vrai que je veux que Cordélia tombe amoureuse de lui, que grâce à lui elle se dégoûte de l'amour pur et simple et que par là elle dépasse ses propres limites; mais pour cela il faut justement qu'Edouard ne soit pas une caricature; sinon c'est inutile. Non seulement Edouard est, dans l'estime générale, un bon parti – aux yeux de Cordélia cela ne signifie rien, car une jeunc fille de dix-sept ans ne regarde pas à ces choses-là – mais il possède personnellement plusieurs qualités affables, et je fais de mon mieux pour lui permettre de les faire valoir. Comme une habilleuse, comme un décorateur je l'équipe aussi bien que possible selon ses moyens, – oui, parfois je l'affuble même d'un peu de luxe emprunté. Alors, en nous rendant ensemble chez Cordélia, il m'est tout à fait drôle de marcher à côté de lui. C'est comme s'il était mon frère, mon fils, et pourtant, il est mon ami, de mon âge, il est un rival. Mais il ne pourra jamais devenir dangereux pour moi. Par conséquent, plus je l'élève, lui qui après tout doit tomber, mieux et plus s'éveille en Cordélia la conscience de ce dont elle fait fi, avec plus d'ardeur elle devine ce qu'elle désire. Je l'aide à se tirer d'affaire, je le recommande, bref, je fais tout ce qu'un ami peut faire pour un ami. Pour bien mettre ma froideur en relief, je déclame presque contre Edouard. Je le décris comme un rêveur. Comme Edouard ne sait pas du tout marcher par lui-même, il faut que je le place en évidence.

Cordélia me hait et me craint. Qu'est-ce qu'une jeune fille peut craindre? L'esprit. Pourquoi? Parce que l'esprit constitue la négation de toute son existence féminine. La beauté masculine, une nature prenante, etc., sont de bons moyens. Ils servent aussi à faire des conquêtes, mais ne peuvent jamais gagner

112

une victoire complète. Pourquoi? parce qu'on guerroie contre une jeune fille dans sa propre puissance, et là elle est toujours la plus forte. Ces moyens peuvent servir à faire rougir une jeune fille, à lui faire baisser les yeux, mais jamais à provoquer cette angoisse indescriptible et captieuse qui rend sa beauté intéressante.

Non formosus erat, sed erat facundus Ulixes,
Et tamen aequoreas torsit amore Deas.

Enfin, chacun doit connaître ses forces. Mais j'ai souvent été révolté de voir que même ceux qui sont doués se comportent avec tant de maladresse. Au fond, chez toute jeune fille victime de l'amour d'un autre ou, plutôt, du sien propre, on devrait pouvoir discerner immédiatement, en la regardant, dans quel sens elle a été dupée. Un assassin rompu au métier porte toujours ses coups de la même façon, et une police experte reconnaît tout de suite l'auteur du crime en regardant la blessure. Mais où rencontre-t-on de tels séducteurs systématiques ou de tels psychologues? Séduire une jeune fille signifie pour la plupart des gens : séduire une jeune fille, et tout est dit, et pourtant, tout un langage se cache dans cette pensée.

Comme femme – elle me hait; comme femme douée – elle me craint; comme intelligence éveillée – elle m'aime. C'est d'abord cette lutte que j'ai provoquée dans son âme. Ma fierté, mon obstination, ma raillerie froide, mon ironie sans cœur la tentent; non pas comme si elle était encline à m'aimer; non, il n'y a assurément pas la moindre trace de tels sentiments en elle, surtout pas à mon égard. Elle veut rivaliser avec moi. La fière indépendance envers les hommes, une liberté comme celle des Arabes dans le désert la tentent. Mon rire et mon excentricité neutralisent toute manifestation érotique. Elle est assez libre avec moi, et pour la réserve elle est plus intellectuelle que féminine. Elle est si loin de voir en moi un amant, que nos rapports ne sont autres que ceux qui existent entre deux fortes têtes. Elle me prend la main et me la serre, elle rit et me marque un intérêt au sens purement grec. L'ironiste et le railleur l'ayant alors mystifiée assez longtemps, je suis la directive de la vieille chanson : le chevalier déploie sa capote d'un rouge si vif et prie la belle demoiselle de s'y asseoir. Mais je ne déploie pas ma capote afin de rester assis dessus avec elle sur la pelouse, mais afin de disparaître avec elle dans les airs, dans l'envol de la pensée. Ou je ne l'amène pas avec moi, mais j'enfourche une pensée, lui envoie des saluts avec la main et un baiser, je deviens invisible pour elle et audible seulement par le bruit de la parole ailée. Je ne deviens pas, grâce à la voix, de plus en plus visible comme

Yahweh, mais de moins en moins, car plus je parle plus je monte. Et alors elle veut me suivre, se mettre en route pour l'envol hardi des pensées. Mais ce n'est qu'un instant, car l'instant d'après je suis froid et sec.

Il existe plusieurs sortes de rougeur féminine. Il y a le rouge grossier de la brique. C'est celle dont les auteurs de romans se servent toujours assez lorsqu'ils font leurs héroïnes rougir *über und über*[1]. Il y a la rougeur fine; c'est l'aube matinale de l'esprit, qui est sans prix chez une jeune fille. La rougeur furtive, qui suit une idée heureuse, est belle chez l'homme, plus belle encore chez l'adolescent, ravissante chez la femme. C'est la lueur de la foudre, l'éclair de chaleur de l'esprit. Elle est la plus belle chez l'adolescent, ravissante chez la jeune fille parce qu'elle se montre dans sa virginité, et c'est pourquoi elle a aussi la pudeur de la surprise. Plus on vieillit, plus cette rougeur disparaît.

Parfois je lis à haute voix pour Cordélia; en général il s'agit de choses très indifférentes. Edouard, comme d'habitude, doit tenir la chandelle; car je lui ai signalé qu'un moyen très utile pour se mettre en rapport avec une jeune fille, c'est de lui prêter des livres. Aussi il y a gagné plusieurs choses, car elle lui en est

1. *Über und über* : En allemand dans le texte : encore et encore.

assez obligée. C'est moi qui y gagne le plus car je décide du choix des livres, mais je me tiens à l'écart. Là j'ai un champ libre très étendu pour mes observations. Je peux donner à Edouard tous les livres qu'il me plaît, puisqu'il ne s'entend pas en littérature, je peux oser ce que je veux, aller jusqu'à n'importe quel extrême. Alors, quand je me rencontre avec elle le soir je prends comme par hasard un livre, je le feuillette un peu, lis à mi-voix et fais l'éloge de l'attention d'Edouard. Hier soir j'ai voulu par une expérience me rendre compte de l'élasticité spirituelle de Cordélia. Je ne savais si je devais demander à Edouard de lui prêter les poèmes de Schiller pour tomber accidentellement sur le chant de Thécla, à lire à haute voix, ou les poèmes de Bürger. J'optais pour ces derniers, surtout parce que sa « Lénore », malgré toute sa beauté, est un peu exaltée. J'ouvris le livre et lus ce poème avec tout le pathétique possible. Cordélia était émue, elle cousait rapidement comme si c'était elle que Vilhelm venait enlever. Je m'arrêtai, la tante avait écouté sans y faire beaucoup d'attention; elle ne craint pas les Vilhelm, vivants ou morts, et elle ne comprend d'ailleurs pas très bien l'allemand; mais elle fut tout à fait à son aise lorsque je lui montrai la belle reliure du livre et que je commençai à lui parler de l'art du relieur. Mon intention était de détruire chez Cordélia l'effet du pathétique à l'instant même où il se produisait. Elle était un peu anxieuse, mais manifestement cette anxiété ne la tentait pas, mais créait chez elle un effet *unheimlich*[1].

Aujourd'hui pour la première fois mes yeux se sont reposés sur elle. On dit que le sommeil peut alourdir une paupière jusqu'à la fermer; ce regard pourrait peut-être avoir un pouvoir semblable. Les yeux se ferment, et pourtant des puissances obscures s'agitent en elle. Elle ne voit pas que je la regarde, elle le sent, tout son corps le sent. Les yeux se ferment et c'est la nuit; mais en elle il fait grand jour.

Il faut qu'Edouard disparaisse. Il en est venu aux dernières extrémités; à chaque instant j'ai à craindre qu'il n'aille faire une déclaration d'amour. Personne mieux que moi ne peut le savoir, moi, son confident, qui à dessein le maintiens dans cette exaltation pour qu'il puisse d'autant plus influencer Cordélia. Mais ce serait trop risquer que de lui permettre de faire l'aveu de son amour. Je sais bien qu'il recevrait un refus, mais cela ne terminerait pas l'affaire. Il en serait sûrement très affecté, et cela pourrait peut-être émouvoir et attendrir Cordélia. Bien que dans ce cas je n'aie pas à craindre le pire, c'est-à-dire qu'elle revienne sur son refus, il est possible que sa fierté d'âme souffre de cette simple comparai-

1. *Unheimlich :* En allemand dans le texte : peu rassurant.

son. Et si c'était le cas, j'aurais tout à fait manqué mon but en me servant d'Edouard.

Mes rapports avec Cordélia commencent à prendre une tournure dramatique. Arrivera ce qui pourra, mais je ne peux plus longtemps rester seulement spectateur, à moins de laisser l'instant s'échapper. Il est indispensable qu'elle soit surprise; mais si on veut la surprendre il faut être à son poste. Ce qui d'ordinaire en surprendrait d'autres n'aurait peut-être pas le même effet sur elle. Au fond elle devrait être surprise de telle façon qu'à l'instant même la raison en soit presque quelque chose de tout à fait ordinaire. C'est peu à peu que quelque chose de surprenant doit apparaître implicitement. C'est aussi toujours la loi de ce qui est intéressant, et de son côté la loi de tous mes mouvements concernant Cordélia. Pourvu qu'on sache surprendre, on a toujours partie gagnée; on suspend pour un instant l'énergie de celle dont il s'agit, on la met dans l'impossibilité d'agir, quel que soit d'ailleurs le moyen qu'on emploie, le moyen extraordinaire ou le moyen commun. Je me rappelle encore avec une certaine vanité une tentative téméraire pratiquée contre une dame de la haute société. Depuis quelque temps j'avais vainement, et en cachette, rôdé autour d'elle afin de trouver un contact intéressant, lorsqu'un après-midi je la rencontre dans la rue. J'étais sûr qu'elle ne me connaissait pas, ou ne savait pas que j'habitais à Copenhague. Elle était seule. Je coulais devant elle pour la rencontrer de face. Je me rangeais, lui cédant les dalles du trottoir. A ce moment-là je lui jetai un regard mélancolique et je crois presque avoir eu une larme à l'œil. Je soulevai mon chapeau. Elle s'arrêta. Avec une voix émue et un regard rêveur je dis : « Ne vous fâchez pas, Mademoiselle, entre vos traits et ceux de quelqu'un que j'aime de toute mon âme, mais qui vit loin de moi, il y a une ressemblance tellement frappante que vous me pardonnerez ma conduite assez bizarre. » Elle pensait avoir affaire à un rêveur, et une jeune fille aime bien un peu de rêverie, surtout lorsque en même temps elle a le sentiment de sa supériorité et ose sourire de vous. Je ne me suis pas trompé, elle souriait, ce qui lui allait à ravir. Elle me salua avec une condescendance digne et sourit. Elle reprit sa marche et je fis tout au plus deux pas à côté d'elle. Quelques jours plus tard je la rencontrai et je me permis de la saluer. Elle me rit au nez. Mais la patience est une vertu précieuse et rira bien qui rira le dernier.

Il y aurait plusieurs moyens pour surprendre Cordélia. Je pourrais essayer de déchaîner une tempête érotique, capable de déraciner les arbres. Grâce à elle je réussirais peut-être à lui faire perdre pied, à l'arracher du rapport de filiation; et dans cette agitation je pourrais essayer, à l'aide de rendez-vous secrets, de provoquer sa passion. Cela n'est pas inimaginable. On peut sans doute amener une jeune fille aussi passionnée qu'elle à n'importe quoi. Cependant, esthétiquement pensé, ce ne serait pas correct. Je n'aime pas le vertige, et cet état n'est recommandable que lorsqu'on a affaire avec des jeunes filles qui ne sauraient pas autrement gagner un reflet poétique. En outre, on manquerait aisément la véritable jouissance, car trop d'émoi est nuisible aussi. Sur elle cette mesure porterait entièrement à faux. En quelques traits j'aborderais peut-être ce dont je pourrais jouir pendant longtemps, oui, pis encore, ce dont j'aurais pu avec du sang-froid tirer une jouissance plus entière et plus riche. Il ne faut pas jouir de Cordélia dans l'exaltation. Au premier instant elle serait peut-être surprise si je me conduisais ainsi, mais elle serait bientôt rassasiée, justement parce que cette surprise toucherait de trop près à son âme hardie.

Des fiançailles pures et simples seraient de tous les moyens les meilleurs, les plus à propos. Pour elle ce sera peut-être d'autant plus impossible de croire ses propres oreilles lorsqu'elle m'entendra faire un aveu d'amour prosaïque et la demander en mariage, encore moins que si elle écoutait ma chaude éloquence, buvait ma boisson enivrante et empoisonnée, ou entendait le battement de son cœur à la pensée d'un enlèvement.

Quant aux fiançailles, c'est le diable qu'il y ait toujours en elles de l'éthique, ce qui est aussi ennuyeux quand il s'agit de la science que de la vie. Quelle différence! Sous le ciel de l'esthétique tout est léger, beau, fugitif, mais lorsque l'éthique s'en mêle tout devient dur, anguleux, infiniment assommant. Des fiançailles, cependant, n'ont pas au sens strict la réalité éthique d'un mariage, elles ne doivent leur validité qu'*ex consensu gentium*. Cette équivoque-là peut m'être très utile. Il y a juste assez d'éthique là-dedans pour que Cordélia, le moment venu, ait l'impression de dépasser les limites de l'ordinaire, et en outre, cette éthique n'est pas assez grave pour que j'aie à craindre un choc plus inquiétant. J'ai toujours eu quelque respect pour l'éthique. Je n'ai jamais fait de promesse de mariage à une jeune fille, pas même par incurie; si j'ai l'air d'en faire une cette fois-ci, il faut se rappeler qu'il ne s'agit que d'une conduite feinte. Je ferai bien en sorte que ce soit elle-même qui brise l'engagement. Ma fierté chevaleresque méprise les promesses. Je méprise un juge lorsqu'il arrache l'aveu d'un délinquant par la promesse de la liberté. Un tel juge renonce à sa force et à son talent. Dans ma pratique s'ajoute encore le fait que je ne désire rien qui au sens le plus strict ne soit pas librement donné. Que les piètres séducteurs se servent de tels moyens! Par surcroît, qu'est-ce qu'ils y gagnent? Celui qui ne sait pas circonvenir une jeune fille jusqu'à ce qu'elle perde tout de vue, celui qui ne sait pas, au fur et à mesure de sa volonté, faire croire à une jeune fille que c'est elle qui prend toutes les initiatives, il est et il restera un maladroit; je ne lui envierai pas sa jouissance. Un tel homme est et restera un maladroit, un séducteur, termes qu'on ne peut pas du tout m'appliquer. Je suis un esthéticien, un érotique, qui a saisi la nature de l'amour, son essence, qui croit à l'amour et le connaît à fond, et qui me réserve seulement l'opinion personnelle qu'une aventure galante ne dure que six mois au plus, et que tout est fini lorsqu'on a joui des dernières faveurs. Je sais tout cela, mais je sais en outre que la suprême jouissance imaginable est d'être aimé, d'être aimé au-dessus de tout. S'introduire comme un rêve dans l'esprit d'une jeune fille est un art, en sortir est un chef-d'œuvre. Mais ceci dépend essentiellement de cela.

Un autre moyen serait possible. Je pourrais mettre tout en œuvre pour la fiancer à Edouard. Alors je serais ami de la maison. Edouard aurait une entière confiance en moi, car ce serait moi à qui il serait presque redevable de son bonheur. Il y aurait alors pour moi quelque chose à gagner à rester plus caché. Non, cela ne vaut rien. Elle ne peut pas être fiancée à Edouard sans que d'une manière ou d'une autre elle se déprécie. Bien plus, mes rapports avec elle deviendraient ainsi plus piquants qu'intéressants. Le prosaïsme infini inhérent à des fiançailles est justement la table de résonance de ce qui est intéressant.

Tout chez les Wahl devient de plus en plus significatif. On sent clairement qu'une vie cachée s'agite sous les formes de tous les jours, et que cette vie doit bientôt se manifester en une révélation connexe. La maison des Wahl se prépare à des fiançailles. Un observateur simplement étranger penserait peut-être à une union entre la tante et moi. Et qu'est-ce qu'un tel mariage ne pourrait faire dans la génération future pour la propagation des connaissances d'économie rurale! Je serais alors l'oncle de Cordélia. Je suis un ami de la liberté de penser, et aucune pensée n'est assez absurde pour que je n'aie pas le courage de la retenir. Cordélia redoute une déclaration d'amour d'Edouard, mais celui-ci espère qu'une telle déclaration décidera tout. Aussi peut-il en être sûr. Mais afin de lui épargner les conséquences désagréables d'une telle démarche, je verrai à le devancer. J'espère bientôt le congédier, car il me barre vraiment le passage. Je l'ai bien senti aujourd'hui. Avec cet air de rêveur, ivre d'amour, on peut redouter que subitement il se dresse comme un somnambule et devant toute la communauté fasse l'aveu de son amour, dans une contemplation si objective qu'il ne s'approche même pas de Cordélia. Je lui allongeai aujourd'hui un coup d'œil sévère. Comme un éléphant qui prend un objet sur sa trompe je l'ai mis de tout son long sur mes regards et je l'ai renversé. Bien qu'il n'ait pas bougé de sa chaise, je crois que tout son corps a ressenti le choc de ce renversement.

Cordélia n'est plus si sûre de moi qu'autrefois. Elle s'approchait toujours de moi avec une assurance féminine, à présent elle hésite un peu. Cependant, cela n'a pas grande importance et il ne me serait pas difficile de remettre tout en état. Toutefois, cela je ne le veux pas. Un seul sondage encore et ensuite les fiançailles. Celles-ci ne peuvent présenter aucune difficulté. Cordélia, dans sa surprise, dira : oui, et la tante : un amen cordial. Elle sera folle de joie d'avoir un gendre aussi agronomique. Gendre! Que tout est uni comme les doigts de la main quand on se risque sur ce terrain. Au fond je ne serai pas son gendre, mais seulement son neveu, ou plutôt, *volente dio*, ni l'un ni l'autre.

Le 23 juillet.

Aujourd'hui j'ai recueilli le fruit d'un bruit que j'avais fait courir, disant que j'étais amoureux d'une jeune fille. Grâce à Edouard il est arrivé aussi jusqu'à Cordélia. Elle est curieuse, elle m'observe mais n'ose pas questionner; et cependant, ce n'est pas sans importance pour elle d'en acquérir la certitude, d'une part parce que cela passe toute croyance et, d'autre part, parce qu'elle y verrait presque un anté-cédent pour elle-même; car si un railleur aussi froid que moi peut tomber amoureux, elle le pourrait bien aussi sans avoir besoin d'en rougir. Aujourd'hui j'y ai fait allusion. Je crois que je sais raconter une histoire de telle façon que la pointe ne s'en perde pas, et n'arrive pas trop tôt. Et ma joie est de tenir *in suspenso* ceux qui m'écoutent, de vérifier par des petits mouvements épisodiques l'issue qu'on désire à mon récit, et de les tromper pendant son cours. Mon art est d'employer des amphibolo-gies pour qu'on me comprenne dans un sens et qu'on s'aperçoive subitement que mes paro-les peuvent être comprises autrement aussi. Si on veut avoir une bonne occasion pour les observations spéciales il faut toujours faire un discours. Dans une conversation les autres s'échappent plus facilement de vous, et par des questions et des réponses ils peuvent mieux cacher l'impression produite par les paroles. Je commençai mon discours à la tante avec une gravité solennelle : « Dois-je l'attri-buer à la bienveillance de mes amis ou à la méchanceté de mes ennemis, et qui des deux choses n'en a pas en excès ? » Ici la tante fit une remarque que je délayais de mon mieux afin de tenir en haleine Cordélia, qui écoutait et qui ne pouvait pas rompre cette attention soutenue, puisque c'était avec la tante que je parlais, et que j'y mettais tant de solennité. Je continuai : « ou dois-je l'attribuer à un hasard, au *generatio aequivoca* d'un bruit... » – apparemment Cordélia ne comprenait pas cette expression, elle la rendait seulement confuse et ceci d'autant plus que j'y mettais un accent faux et que je la prononçais en prenant une mine matoise, comme si c'était l'essentiel de ce que j'avais à dire – « un hasard, dis-je qui m'a fait l'objet de commentaires, moi, qui ai pour habitude de vivre caché dans le monde, ces commentaires prétendant que je me suis fiancé »; Cordélia attendait évidemment encore mes explications, et je continuai : « c'est peut-être mes amis, puisqu'on doit toujours estimer que c'est un grand bonheur de devenir amoureux (elle restait interdite), ou mes ennemis, puisqu'on doit toujours estimer très ridicule que ce bonheur m'échet (mouvement en sens contraire), ou c'est un pur hasard, puisqu'à la base il n'y a pas la moindre raison; ou bien c'est la *generatio aequivoca* puisque le bruit a dû naître grâce aux hantises irréfléchies d'une tête vide ». La tante s'impatientait avec une curiosité féminine pour connaître le nom de la dame avec laquelle il m'aurait plu de me fiancer. Mais je récusai toute question à cet égard. Toute l'histoire fit de l'impression sur Cordélia, et je crois presque que les actions d'Edouard sont en hausse de quelques points.

L'instant décisif s'approche. Je pourrais m'adresser à la tante et par écrit demander la main de Cordélia. C'est bien là le procédé habituel dans les affaires de cœur, comme s'il était plus naturel pour le cœur de s'exprimer par écrit que par vive voix. Mais ce qui me ferait choisir ce procédé est justement ce qu'il y a de prudhommesque en lui. Si je le choisis je serai privé de la surprise proprement dite et je ne veux pas y renoncer. – Si j'avais un ami, il me dirait peut-être : as-tu bien réfléchi à la démarche très grave que tu fais, démarche qui décidera de toute ta vie future et du bonheur d'un autre? C'est bien l'avantage qu'on possède en ayant un ami. Je n'ai pas d'ami; je ne déciderai pas si c'est un avantage, mais être dispensé de ses conseils est, selon moi, un avantage absolu. D'ailleurs, j'ai au sens le plus strict mûrement médité toute l'affaire.

En ce qui me concerne il n'y a plus rien qui s'oppose aux fiançailles. Je suis donc un candidat épouseur, – mais qui s'en doute à me voir? Bientôt ma pauvre personne sera regardée d'un point de vue supérieur. Je cesse d'en être une et je deviens – un parti; oui, un bon parti, dira la tante. C'est elle qui me fait presque le plus de peine; car elle m'aime d'un amour agronomique si pur et sincère, elle m'adore presque comme son idéal.

Dans ma vie j'ai déjà fait bien des déclarations d'amour et, pourtant, toute mon expérience ne m'est d'aucune aide ici; car cette déclaration doit être faite d'une manière toute particulière. Ce que je dois surtout inculquer dans mon esprit est qu'il ne s'agit que d'une feinte. J'ai fait pas mal d'exercices de pas pour trouver la meilleure façon de me présenter. Il serait imprudent de mettre trop d'érotisme dans ma démarche, car cela risquerait d'anticiper sur ce qui doit suivre plus tard et se développer graduellement; y mettre trop de gravité serait dangereux; un tel moment a tant d'importance pour une jeune fille que toute son âme peut s'y fixer, comme celle d'un mourant dans sa dernière volonté; rendre la démarche cordiale ou d'un bas comique jurerait avec le masque adopté jusqu'ici par moi, et avec le nouveau aussi que j'ai l'intention de prendre et de montrer; la rendre spirituelle et ironique serait trop risquer. Si l'essentiel pour moi, comme pour les gens en général dans une telle occasion, était de faire sortir le petit « oui », cela irait tout de go. Il est vrai que cela est important, mais non pas d'une importance absolue; car, bien que j'aie jeté les yeux sur cette jeune fille une fois pour toutes, bien que je lui aie voué beaucoup d'attention, oui : tout mon intérêt, il y a pourtant des conditions qui ne me permettraient pas d'accepter son oui. Je ne tiens pas du tout à la posséder

au sens grossier, ce qui m'importe est de jouir)
d'elle au sens artistique. C'est pourquoi il faut
mettre autant d'art que possible dans le commencement. Celui-ci doit avoir une forme
aussi vague que possible et ouvrir la porte à
toutes sortes de choses. Elle m'entend mal si
elle voit tout de suite en moi un trompeur, car
je n'en suis pas un au sens vulgaire; mais si
elle me prend pour un amant fidèle, elle
s'entend mal aussi à mon égard. Ce qui
importe est qu'à cet épisode son âme reste
aussi peu déterminée que possible. A un tel
moment l'âme d'une jeune fille est prophéti-
que comme celle d'un mourant. C'est ce qu'il
faut empêcher. Ma charmante Cordélia! Je te
frustre de quelque chose de beau, mais il n'y a
rien à faire et je te donnerai toutes les com-
pensations en mon pouvoir. Tout cet épisode
doit rester aussi insignifiant que possible pour
qu'après m'avoir donné son oui, elle ne soit
capable en aucune manière de rendre compte
de ce qui peut se cacher dans nos rapports.
C'est justement cette possibilité infinie qui
constitue ce qui est intéressant. Si elle était
capable de prédire quelque chose, j'aurais fait
fausse route et nos rapports perdraient leur
sens. Il n'est pas imaginable qu'elle me dise
oui parce qu'elle m'aime, car elle ne m'aime
pas du tout. Le mieux serait que je pusse
transformer les fiançailles de sorte qu'elles
deviennent un événement au lieu d'être un
acte, qu'elles deviennent quelque chose qui lui

arrive au lieu d'être quelque chose qu'elle fait et dont elle doit dire : « Dieu sait comment au fond c'est arrivé. »

Le 31 juillet.

Aujourd'hui j'ai écrit une lettre d'amour pour un tiers. J'y prends toujours grand plaisir. D'abord il est toujours assez intéressant d'approfondir une telle situation, et pourtant à peu de frais. Ma pipe bourrée, j'écoute l'histoire, et les lettres de l'intéressée me sont mises sous les yeux. Je m'intéresse toujours vivement à la façon dont une jeune fille s'exprime par écrit. Alors il reste là, amoureux comme un rat, il me lit les lettres et est interrompu par ses remarques laconiques : « elle écrit bien, elle a du sentiment, du goût, de la prudence, sans doute n'est-ce pas la première fois qu'elle aime, etc. » En second lieu je fais une bonne action. J'aide des jeunes gens à s'unir; ensuite je prends mon parti. Pour chaque couple heureux je jette mon dévolu sur une victime; je fais deux heureux et, au plus, un seul malheureux. Je suis honnête, on peut se fier à moi, je n'ai jamais trompé personne qui se soit ouvert à moi. Il y a toujours un peu de bouffonnerie pour moi – enfin, cela ne représente que l'émolument légitime. Et pourquoi a-t-on tant de confiance en moi? parce que je sais le latin, que je suis

130

assidu à mes études et parce que je garde toujours mes petites histoires pour moi-même. Et je mérite bien cette confiance, n'est-ce pas? Car je n'en abuse jamais.

Le 2 août.

Le moment était venu. J'ai entrevu la tante dans la rue et je savais donc qu'elle n'était pas à la maison. Edouard était allé aux douanes. Par conséquent, il y avait toute chance pour que Cordélia soit toute seule chez elle. Et elle l'était aussi, assise à son travail devant la table à ouvrage. Il est très rare que je rende visite à la famille le matin, et elle fut donc un peu émue en me voyant. La situation faillit s'en ressentir. Cela n'aurait pas été de sa faute car elle se ressaisit assez vite, mais de la mienne, car malgré ma cuirasse elle me fit une impression exceptionnellement forte. Quelle grâce elle avait dans sa robe d'intérieur en calicot, à rayures bleues et simple, avec une rose fraîche cueillie, non, la jeune fille en était une elle-même; elle était aussi fraîche que si elle venait d'arriver. Qui veut bien me dire où une jeune fille passe la nuit, – ce doit être dans le pays des mirages, mais chaque matin elle rentre et rapporte cette fraîcheur juvénile. Elle paraissait si jeune et pourtant si parfaite, comme si la nature, semblable à une tendre et riche mère, ne venait qu'à cet instant même de la laisser échapper de ses mains. J'avais l'impression d'être témoin de cette scène d'adieux, je voyais comment cette tendre mère l'embrassait encore une fois avant de se séparer d'elle, et je l'entendais dire : « Va par monts et par vaux, ma petite, j'ai fait tout pour toi, prends ce baiser comme un sceau sur tes lèvres, c'est un sceau qui gardera le sanctuaire et que personne ne peut briser sans que tu ne le veuilles toi-même, mais quand viendra celui qu'il faut, tu le comprendras. » Et elle pose un baiser sur ses lèvres, un baiser qui ne s'empare pas de quelque chose comme fait un baiser humain, mais un baiser divin qui donne tout, qui donne à la jeune fille la puissance du baiser. Oh! Nature merveilleuse, profonde et énigmatique, tu donnes la parole aux hommes, mais l'éloquence du baiser aux jeunes filles! C'est ce baiser qu'elle avait sur ses lèvres, cet adieu sur son front et ce salut joyeux dans son regard, et c'est pourquoi elle apparaissait à la fois si familière, car elle est bien enfant de la maison, et si étrangère, car elle ne connaissait pas le monde, mais seulement la tendre mère qui, invisible, veillait sur elle. Elle était vraiment charmante, jeune comme une enfant et, pourtant, imprégnée de la noble dignité virginale qui commande le respect. – Mais bientôt j'étais de nouveau froid et solennellement stupide, comme il sied quand on veut faire une chose importante sans qu'elle ait, en réalité, aucun sens. Après quelques remarques d'ordre général je l'approchai d'un peu plus près et sortis ma demande. Quelqu'un qui parle comme un livre est extrêmement ennuyeux à écouter; parfois, cependant, parler ainsi peut être utile, car, chose curieuse, un livre a ceci de particulier qu'il peut être interprété comme on veut. De même les paroles quand on parle comme un livre. Je me tins tout sobrement à quelques formules ordinaires. Incontestablement, elle fut surprise, comme je m'y attendais. Il m'est difficile de me rendre compte de son air à ce moment-là. Son air était complexe, oui, à peu près comme le commentaire pas encore édité, mais annoncé, de mon livre, commentaire qui admettra la possibilité de toutes les interprétations. Un mot, et elle aurait ri de moi, un mot, elle aurait été émue, un mot, et elle m'eût évité; mais aucun mot ne s'échappait de mes lèvres, je restais solennellement stupide et je suivais strictement le rituel. « Elle m'avait connu si peu de temps », que voulez-vous, on ne rencontre de telles difficultés que sur la route étroite des fiançailles, non pas sur les sentiers fleuris de l'amour. Chose curieuse! Quand, les jours précédents, je réfléchissais à toute la question, j'avais assez de cran et j'étais sûr qu'à l'instant de la surprise elle dirait oui. Mais voilà, à quoi servent tous les préparatifs? Ce n'était pas ainsi que l'affaire se dénoua, car elle ne dit ni oui ni non mais elle m'adressa à la tante. J'aurais dû le prévoir. J'ai vraiment de la chance, car ce résultat était encore meilleur.

La tante donnera son consentement, ce dont je n'ai d'ailleurs jamais douté. Cordélia suivra ses conseils. Quant à mes fiançailles je ne me vanterai pas de leur poésie, elles sont à tous égards prudhommesques, d'esprit boutiquier. La jeune fille ne sait pas si elle doit dire oui ou non; la tante dira oui, la jeune fille aussi dira oui, je prends la jeune fille, elle me prend – et l'histoire commencera.

Le 3 août.

Me voilà donc fiancé, Cordélia aussi, et c'est sans doute à peu près tout ce qu'elle sait de cette affaire. Si elle avait une amie à qui parler sincèrement, elle dirait probablement : « Quel sens attribuer à tout cela? réellement je ne le comprends pas. Il y a quelque chose en lui qui m'attire, mais je perds mon latin en cherchant ce que c'est, il a un pouvoir étrange sur moi, mais l'aimer? non, et je n'y arriverai peut-être jamais; mais je supporterai bien de vivre avec lui et, par conséquent, je pourrai aussi devenir assez heureuse avec lui; car il n'exigera sûrement pas beaucoup pourvu que j'aie la patience de le supporter. » Ma chère Cordélia! Il exigera peut-être plus et, par contre, moins d'endurance. – Parmi toutes les choses ridicules les fiançailles remportent le prix. Le mariage au moins a un sens. Bien que ce soit un sens peu commode pour moi. Les fiançailles sont d'invention purement humaine et ne font pas honneur à leur inventeur. Elles ne sont ni chair ni poisson et ressemblent aussi peu à l'amour que la bandelette du dos de l'appariteur à une toge de professeur. A présent, je suis membre de cette honorable confrérie. Cela a son importance, car, comme dit Trop, ce n'est que lorsqu'on est artiste soi-même qu'on acquiert le droit de juger les autres artistes. Et un fiancé, n'est-il pas aussi un bateleur comme ceux de Dyrehavsbakken?

Edouard est hors de lui, exaspéré. Il laisse pousser sa barbe, et, ce qui n'est pas peu dire, il a accroché son habit noir. Il désire voir Cordélia et lui dépeindre ma perfidie. Ce sera une scène poignante : Edouard non rasé, négligemment habillé et parlant haut à Cordélia. Pourvu qu'il ne l'emporte pas sur moi avec sa barbe longue. Je fais de vains efforts pour le raisonner, j'explique que c'est la tante qui est l'artisan des fiançailles, que Cordélia nourrit peut-être encore de bons sentiments pour lui et que je suis prêt à me retirer s'il peut la gagner. Un insatnt il hésite à se faire tailler sa barbe autrement, à acheter un nouvel habit noir, et, l'instant d'après, il me rabroue. Je fais tout pour garder bonne contenance avec lui.

Si furieux qu'il soit contre moi, je suis sûr qu'il ne fera pas un pas sans me consulter; il n'oublie pas le profit qu'il a tiré de moi en ma qualité de mentor. Et pourquoi devrais-je lui ravir son ultime espoir, pourquoi rompre avec lui? c'est un brave homme, et qui sait ce que réserve l'avenir!

Ce que j'aurai à faire à présent est d'abord de tout arranger pour rompre les fiançailles et m'assurer des rapports plus beaux et plus importants avec Cordélia; et ensuite mettre à profit le temps aussi bien que possible pour me réjouir de tout le charme, de toute l'amabilité dont la nature l'a si surabondamment dotée, m'en réjouir mais avec la restriction et la circonspection qui empêchent d'anticiper sur les événements. Quand je serai arrivé à lui faire comprendre ce qu'est l'amour, l'amour de moi, alors les fiançailles s'écrouleront naturellement comme représentant un état imparfait, et elle m'appartiendra.

D'autres se fiancent lorsqu'ils sont arrivés à ce point et ils auront alors de bonnes chances d'un mariage ennuyeux pour toute l'éternité. Tant pis pour eux.

Tout est encore dans le *statu quo*; mais je doute qu'il y ait fiancé plus heureux que moi, ni avare plus béat à la découverte d'une pièce d'or. Je suis enivré de la pensée qu'elle est en mon pouvoir, une féminité pure et innocente, transparente comme la mer et pourtant pro-

136

fonde comme elle, ignorante de l'amour! C'est maintenant qu'elle doit apprendre quelle puissance se cache dans l'amour. C'est maintenant qu'elle doit être installée dans ce royaume où elle est chez elle, comme une princesse qui de la poussière est élevée au trône de ses pères. Et ce doit être mon œuvre; en apprenant à aimer elle apprendra à m'aimer moi; au fur et à mesure qu'elle développera la règle, le paradigme se déploiera, et ce paradigme c'est moi. En sentant dans l'amour toute sa propre importance elle l'appliquera pour m'aimer, et quand elle se doutera que c'est de moi qu'elle l'a appris, elle m'aimera doublement. L'idée de ma joie m'étouffe tellement que je suis prêt à perdre contenance.

Son âme n'a pas été évaporée, ni détendue par les émotions indécises de l'amour, ce qui fait que beaucoup de jeunes filles ne réussissent jamais à aimer, c'est-à-dire à aimer d'un amour décidé, énergique, total. Elles portent dans leur conscience une fantasmagorie indécise qui doit être un idéal d'après lequel l'objet réel de l'amour sera mis à l'épreuve. De ces demi-mesures résulte quelque chose avec laquelle on peut se débrouiller chrétiennement à travers l'existence. – Pendant qu'alors l'amour s'éveille en elle, je le perce à jour et je l'écoute en dehors d'elle à l'aide de toutes les voix de l'amour. Je me rends compte de la forme qu'il a affectée en elle et je me façonne conformément à elle; et de même que j'ai été incorporé déjà immédiatement dans l'histoire que l'amour parcourt dans son cœur, je viens à nouveau à sa rencontre du dehors, d'une manière aussi fallacieuse que possible. Car une jeune fille n'aime qu'une fois.

Me voilà donc en possession légitime de Cordélia, j'ai le consentement et la bénédiction de la tante, les félicitations des amis et des parents; on verra bien si cela persistera. Les tracas de la guerre sont donc du passé, et les bienfaits de la paix commenceront. Quelles sottises! Comme si les bénédictions de la tante et les félicitations des amis étaient capables au sens le plus profond de me mettre en possession de Cordélia; comme si l'amour exprimait un tel contraste entre le temps de guerre et le temps de paix! n'est-ce pas plutôt que, tant qu'il dure, il se proclame en lutte, même si les armes sont autres? La différence est, au fond, si la lutte a lieu *cominus* ou *eminus*. Dans les affaires du cœur plus la lutte a eu lieu *eminus* plus c'est triste, car plus la mêlée devient insignifiante. La mêlée inclut des poignées de main, des attouchements de pied, qu'Ovide, comme on sait, recommande et déconseille à la fois avec une jalousie profonde, et je ne parle pas des baisers et des étreintes. Celui qui lutte *eminus* n'a en général comme armes que ses yeux, et pourtant, s'il s'en sert en artiste, sa virtuosité lui permettra d'arriver presque au même résultat. Il pourra porter ses yeux sur une jeune fille avec une tendresse trompeuse qui agit comme s'il la touchait accidentellement; il sera capable de la saisir aussi fermement avec ses yeux que s'il la tenait serrée dans ses bras. Mais ce sera toujours une faute ou un malheur de lutter trop longtemps *eminus*; car une telle lutte n'est qu'une indication et non pas une jouissance. Ce n'est qu'en luttant *cominus* que tout aura sa signification réelle. L'amour cesse s'il n'y a pas de lutte. Je n'ai presque pas du tout lutté *eminus*, et c'est pourquoi je ne me trouve pas à la fin mais au début, et je sors les armes. Je la possède, c'est vrai, mais au sens juridique et prudhommesque, – et je n'en retire aucun avantage, j'ai des intentions beaucoup plus pures. Elle est fiancée, à moi, c'est vrai; mais si j'en concluais qu'elle m'aime, ce serait une déception, car elle n'aime pas du tout. Je la possède légitimement, et pourtant je ne suis pas en possession d'elle, de même qu'on peut bien être en possession d'une jeune fille sans la posséder légitimement.

Auf heimlich errötender Wange
Leuchtet des Herzens Glühen[1].

1. *Auf heimlich* etc. : En allemand dans le texte : Sur les joues familièrement rougissantes luisent les feux du cœur.

Elle est assise sur le sopha devant la table à thé, et moi, sur une chaise, je suis à côté d'elle. Cette position, bien qu'intime, est d'une dignité qui éloigne. Enormément de choses dépendent de la position, c'est-à-dire pour celui qui comprend. L'amour en possède beaucoup, mais celle-ci est la première. Comme la nature a royalement doté cette jeune fille! Ses chastes formes si douces, sa profonde candeur féminine, ses yeux clairs – tout m'enivre. – Je l'ai saluée. Elle est venue à ma rencontre avec sa gaieté habituelle, mais un peu confuse, un peu désorientée. Les fiançailles doivent bien modifier un peu nos rapports, mais comment? elle ne le sait pas; elle m'a pris la main, mais sans sourire comme d'habitude. Je lui ai rendu son salut d'une poignée de main légère, presque imperceptible, j'étais affectueux, aimable mais sans manifester d'érotisme. – Elle est assise sur le sopha, devant la table à thé, et moi, sur une chaise à côté d'elle. Une solennité radieuse plane sur la situation, une douce lumière matinale. Elle est silencieuse, rien n'interrompt le calme. Mes yeux glissent sur elle doucement, sans convoitise, ce qui serait effronté. Une rougeur fine et fuyante, comme un nuage sur les champs, passe sur elle et dépérit lentement. Que signifie cette rougeur? Est-ce de l'amour, du désir, de l'espoir, de la crainte? Car la couleur du cœur est le rouge. Rien de tout cela. Elle s'étonne, elle est surprise – non pas de moi, ce serait trop peu lui offrir; elle s'étonne, non pas d'elle-même mais en elle-même, elle se transforme en elle-même. Cet instant exige le silence, c'est pourquoi aucune réflexion ne doit venir le troubler, aucun bruit de passion le rompre. C'est comme si j'étais absent, et pourtant c'est justement ma présence qui est à la base de sa surprise contemplative. Nos natures sont en harmonie, c'est dans un tel état qu'une jeune fille, comme quelques divinités, est adorée par le silence.

Quelle chance que j'occupe la maison de mon oncle. Pour dégoûter un jeune homme du tabac, je l'introduirais dans quelque fumoir de Regensen; si je désire dégoûter une jeune fille des fiançailles, je n'ai qu'à l'introduire ici. Comme il n'y a que des tailleurs pour aller au siège de la corporation des tailleurs, seuls des fiancés viennent ici. C'est effarant d'être tombé dans une telle compagnie et je ne peux blâmer Cordélia de s'impatienter. Quand nous nous réunissons *en masse*[1] je crois que nous sommes dix couples, sans compter les bataillons annexes qui aux grandes fêtes arrivent de la province. Je me présente avec Cordélia sur la place d'alarme afin de la dégoûter de ces palpabilités passionnées, de ces gaucheries d'artisans amoureux. Sans discontinuer, tout

1. *En masse* : En français dans le texte.

le long de   la soirée, on entend un bruit comme si quelqu'un se promenait avec un tue-mouches – il s'agit des baisers des amoureux. On se comporte dans cette maison avec un sans-gêne aimable; on ne cherche même pas les coins, non! on reste assis autour d'une grande table ronde. Moi aussi, je fais mine de traiter Cordélia de même. A cette fin, je dois faire effort sur moi-même. Il serait vraiment révoltant que je me permette de blesser sa profonde féminité de cette façon. Je me le reprocherais plus que si je la trompais. Toutes les jeunes filles en somme qui veulent se confier à moi peuvent être assurées d'un traitement parfaitement esthétique; seulement à la fin, bien entendu, elles seront trompées; mais aussi c'est une clause dans mon esthétique, car ou bien la jeune fille trompe l'homme, ou bien c'est l'homme qui trompe la jeune fille. Il serait assez intéressant d'obtenir de quelque rosse littéraire qu'elle compte dans les fables, les légendes, les chansons populaires, les mythologies, si une jeune fille est plus souvent infidèle qu'un homme.

Je ne regrette pas le temps que Cordélia me coûte, bien qu'elle m'en coûte beaucoup. Toute rencontre demande souvent de longs préparatifs. Je vis avec elle la naissance de son amour. Ma présence est presque invisible, bien que je sois visiblement assis près d'elle. Une danse qui réellement devrait être dansée par deux mais qui ne l'est que par un, donne l'image de mon rapport avec elle. Car je suis le danseur numéro deux, mais je suis invisible. Elle se conduit comme si elle rêvait, et pourtant, elle danse avec un autre, cet autre étant moi, invisible bien que visiblement présent, et visible bien qu'invisible. Les mouvements exigent un second danseur; elle s'incline vers lui, elle lui tend la main, elle s'enfuit, elle s'approche de nouveau. Je prends sa main, je complète sa pensée qui pourtant est achevée en elle-même. Ses mouvements suivent la mélodie de sa propre âme, je ne suis que le prétexte de ces mouvements. Je ne suis pas érotique, ce qui ne ferait que l'éveiller, je suis souple, malléable, impersonnel, je présente presque un état d'âme.

De quoi parlent généralement les fiancés? Autant que je sache ils s'appliquent beaucoup à s'emmêler l'un l'autre dans les ennuyeux rapports de parenté des deux familles. Est-ce étonnant alors que l'érotisme n'y ait pas de place? Si on ne sait pas faire de l'amour cet absolu auprès de quoi toute autre histoire disparaît, on ne devrait jamais se hasarder à aimer, même pas si on se mariait dix fois. Si j'ai une tante qui s'appelle Marianne, un oncle du nom de Christophe, un père qui est chef de bataillon, etc, toutes ces questions de notoriété publique n'ont rien à faire avec les mystères de l'amour. Oui, même votre propre passé

143

est sans importance. Une jeune fille n'a généralement rien à raconter à cet égard; dans le cas contraire, peut-être pourrait-on l'écouter, mais, la plupart du temps, non l'aimer. Personnellement je ne recherche pas d'histoires, – il est vrai de dire que j'en ai eu pas mal; je recherche l'immédiateté. Le fond éternel de l'amour, c'est que les individus ne naissent l'un pour l'autre que dans son instant suprême.

Il faut qu'un peu de confiance soit éveillée chez elle, ou plutôt qu'un doute soit éloigné. Je n'appartiens pas exactement au nombre de ces amants qui s'aiment par estime, qui se marient par estime et qui par estime ont ensemble des enfants; mais je sais bien que l'amour, surtout tant que la passion n'a pas été mise en mouvement, exige de celui qui en est l'objet qu'il ne choque pas esthétiquement la morale. L'amour a sa propre dialectique à cet égard. Par exemple, tandis que, du point de vue de la morale, mes rapports avec Edouard sont beaucoup plus blâmables que ma conduite envers la tante, il me sera beaucoup plus facile de justifier ceux-là que celle-ci pour Cordélia. Il est vrai qu'elle n'a rien dit, mais j'ai tout de même trouvé qu'il valait mieux lui expliquer pourquoi j'ai dû me conduire ainsi. Ma précaution a flatté sa fierté, et le mystère que j'y mettais a captivé son attention. Il se peut qu'en cela j'aie trahi déjà trop de formation érotique, que je serai plus tard en contradiction avec moi-même lorsque je serai forcé d'insinuer que je n'ai jamais aimé auparavant; mais cela n'a pas d'importance. Je ne crains pas de me contredire, pourvu qu'elle ne le flaire pas et que j'atteigne mon but. Libre aux disputailleurs savants de mettre de l'orgueil à éviter toute contradiction; la vie d'une jeune fille est trop riche pour en être exempte et elle rend donc la contradiction nécessaire.

Elle est fière, et, en outre, elle n'a aucune idée de l'érotisme. En matière spirituelle, il est vrai, elle me rend quelque hommage, mais quand l'érotisme commencera à se faire valoir il est fort possible qu'elle s'avise de tourner sa fierté contre moi. D'après tout ce que j'ai pu observer, elle ne sait que penser de l'importance réelle de la femme. C'est pourquoi il a été facile de soulever sa fierté contre Edouard. Mais cette fierté était tout à fait excentrique parce qu'elle n'avait aucune idée de l'amour. Dès qu'elle s'en fera une, sa vraie fierté naîtra; mais un reste de cette fierté excentrique pourrait bien s'y joindre, et alors il est toujours possible qu'elle se tourne contre moi. Elle ne se repentira pas d'avoir consenti aux fiançailles, mais elle verra pourtant aisément que j'en suis sorti à bon marché, et que de son côté l'histoire est mal partie. Si elle s'en rend compte elle osera m'affronter. Et c'est bien ce qu'il faut. Je saurai alors jusqu'à quel point l'émotion l'a pénétrée.

En effet! De loin dans la rue j'ai vu déjà cette jolie petite tête bouclée qui se penche aussi loin que possible par la fenêtre. Voilà trois jours que je la remarque... Ce n'est sûrement pas pour rien qu'une jeune fille regarde par la fenêtre, elle a sans doute ses raisons... Mais je vous en prie, pour la grâce du ciel, ne vous penchez pas autant que cela; je parie que vous êtes montée sur le barreau de la chaise, je le devine à la position. Rendez-vous compte de l'horreur que ce serait si vous tombiez sur une tête, non pas sur la mienne, car je reste jusqu'à nouvel ordre en dehors de l'affaire, mais sur la sienne, car enfin, il faut bien qu'il y en ait un... Tiens, qu'est-ce que je vois là-bas au milieu de la rue – mais, c'est mon ami le licencié Hansen. Sa tenue est singulière, il a choisi un véhicule exceptionnel, et, à en juger par les apparences, il arrive sur les ailes du désir. Fréquenterait-il cette maison? Et moi, qui ne le savais pas... Ma belle demoiselle, vous avez disparu; oh, je comprends, vous êtes allée ouvrir la porte pour le recevoir... Mais revenez donc, il n'a rien du tout à faire dans la maison... comment, vous le savez mieux que moi? Mais je vous l'assure, il me l'a dit lui-même. Si la voiture qui vient de passer n'avait

146

pas fait tant de bruit, vous auriez pu l'entendre vous-même. Je lui disais, oh! tout *en passant*[1] : « Entres-tu ici? » Il m'a répondu sans rien mâcher : « Non »... Vous pouvez bien dire adieu, car à présent le licencié et moi allons faire une promenade. Il est embarrassé, et des gens embarrassés aiment à bavarder. Maintenant je lui parlerai de la paroisse qu'il demande... Adieu, ma belle demoiselle, nous irons à la douane. En y arrivant je lui dirai : malédiction! comme tu m'as détourné de mon chemin, je devais aller à Vestergade, – Enfin, nous y voilà à nouveau... Quelle fidélité, – encore à la fenêtre. Une fille pareille doit rendre un homme heureux... Mais, demandez-vous, pourquoi fais-je tout cela? Est-ce parce que je suis une crapule qui trouve son plaisir à taquiner les autres? Nullement. Je le fais par sollicitude pour vous, aimable demoiselle. D'abord. Vous avez attendu le licencié, vous avez soupiré après lui, et lorsqu'il arrivera alors il sera doublement beau. Ensuite. Quand le licencié entre à présent, il dira : « Fichtre! nous avons failli être pincés, ce sacré homme n'était-il pas devant la porte quand je venais te voir. Mais j'ai été malin, je l'ai engagé dans une longue parlotte sur la paroisse que je cherche, et patati et patata, je l'ai entraîné jusqu'à la douane; je te promets qu'il n'a rien remarqué. » Et quoi alors? Eh bien, vous aimerez le

1. *En passant* : En français dans le texte.

licencié plus que jamais, car vous avez toujours cru qu'il avait une excellente disposition d'esprit, mais qu'il fût malin... hein, vous venez de le voir vous-même. Et vous pouvez m'en remercier. – Mais, j'y pense. Vos fiançailles n'ont évidemment pas encore été déclarées, car autrement, je l'aurais su. La fille est délicieuse et fait plaisir aux yeux; mais elle est jeune et ses connaissances n'ont peut-être pas encore mûri. Ne serait-il pas possible qu'elle aille faire un acte extrêmement grave à la légère? Il faut l'empêcher, il faut que je lui parle. Je le lui dois, car c'est sûrement une jeune fille très aimable. Et je le dois au licencié, car il est mon ami, – donc à elle aussi, car elle est la future de mon ami. Je le dois à la famille, car c'est sûrement une famille très respectable. Je le dois à tout le genre humain, car il s'agit d'une bonne action. A tout le genre humain! Haute pensée, sport édifiant, que d'agir au nom de tout le genre humain, et que d'avoir en sa possession un tel pouvoir général. – Mais revenons à Cordélia. J'ai toujours l'emploi d'états d'âme, et la belle langueur de cette jeune fille-là m'a réellement ému.

C'est donc à présent que commence la première guerre avec Cordélia, guerre dans laquelle je prends la fuite et lui apprends ainsi à vaincre en me poursuivant. Je continuerai à reculer et dans ce mouvement de repli je lui apprends à reconnaître sur moi toutes les puissances de l'amour, ses pensées inquiètes, sa passion et ce que sont le désir, l'espérance et l'attente impatiente. En les figurant ainsi pour elle je fais naître et se développer en elle tous ces états. Je la conduis dans une marche triomphale et je suis celui qui chante les louanges dithyrambiques de sa victoire autant que je guide ses pas. Le courage de croire à l'amour lui viendra, et, en voyant l'empire qu'il a pris sur moi et mes réflexes, elle comprendra sa puissance éternelle. Devant ma confiance en mon art et la vérité qui est à la base de tout ce que je fais, elle me croira; car autrement elle ne me croirait pas. A chacun de mes mouvements elle devient de plus en plus forte; l'amour naît en elle, elle est investie de la dignité de femme. – Au sens prudhommesque je n'ai pas encore demandé sa main, mais je le ferai à présent, je la libérerai, car ce n'est qu'ainsi que je veux l'aimer. Il ne faut pas qu'elle soupçonne qu'elle me le doit, car elle perdrait confiance en elle-même. Alors, quand elle se sentira libre, tellement libre qu'elle serait presque tentée de rompre avec moi, la seconde guerre commencera. A ce moment-là elle aura de la force et de la passion, et la lutte aura de l'importance pour moi; quant aux conséquences immédiates, advienne que pourra. Mettons que dans sa fierté la tête lui tourne et qu'elle rompe avec moi, enfin! elle aura sa liberté; mais, en tout cas, elle doit m'appartenir. C'est une sottise de penser que les fiançailles la lient, je ne veux la posséder qu'en sa liberté. Même si elle me quitte, la seconde guerre aura lieu, et dans cette lutte je vaincrai, aussi sûr que sa victoire dans la première a été une déception pour moi. Plus grande est la plénitude de force en elle, plus ce sera intéressant pour moi. La première est la guerre de délivrance et elle est un jeu; la seconde est la guerre de conquête, elle se fera pour la vie ou la mort.

Est-ce que j'aime Cordélia? Oui! Sincèrement? Oui! Fidèlement? Oui! – au sens esthétique, et cela aussi signifie bien quelque chose. A quoi servirait à cette jeune fille d'être tombée entre les mains d'un maladroit de mari fidèle? Qu'aurait-il fait d'elle? Rien. On dit que pour réussir dans la vie il faut un peu plus que de l'honnêteté; je dirai qu'il faudrait un peu plus que de l'honnêteté pour aimer une telle fille. Et je possède ce plus – c'est la fausseté. Et pourtant, je l'aime fidèlement. C'est avec fermeté et continence que je veille moi-même à ce que tout ce qui est en elle, toute sa riche nature divine puisse de déployer. Je suis un des rares qui puissent le faire, elle est une des rares qui y conviennent; ne sommes-nous donc pas faits l'un pour l'autre?

Ai-je tort de fixer mes yeux sur le beau

mouchoir brodé que vous avez à la main, au lieu de regarder le pasteur? Avez-vous tort de le tenir ainsi?... Il y a un nom dans l'angle... vous vous appelez Charlotte Hahn? Il est très séduisant d'apprendre le nom d'une dame de cette manière accidentelle. C'est comme s'il y avait un esprit complaisant qui, secrètement, me faisait faire votre connaissance... ou n'est-ce pas par hasard que le mouchoir se plie de façon à me faire voir votre nom?... Etes-vous émue, vous essuyez une larme... Le mouchoir flotte à nouveau... Vous vous étonnez que je vous regarde et non pas le pasteur. Vous regardez le mouchoir et vous comprenez qu'il a trahi votre nom... Mais il s'agit d'une affaire très innocente, il est si facile de se procurer le nom d'une jeune fille... Pourquoi donc vous retourner contre le mouchoir, pourquoi le chiffonner et vous fâcher contre lui? Pourquoi vous fâcher contre moi? Ecoutez ce que dit le pasteur : « Que personne n'amène un autre en tentation; celui aussi qui le fait tout en l'ignorant, celui-là aussi a une responsabilité, lui aussi a une dette vis-à-vis de l'autre dont il ne peut s'acquitter que par un renfort de bienveillance »... Maintenant il dit « Amen ». – Hors de la porte de l'église vous oserez bien laisser le mouchoir flotter librement au vent... Ou avez-vous pris peur de moi? Mais qu'ai-je donc fait?... Ai-je fait quelque chose que vous ne puissiez pardonner, plus que ce que vous oserez vous rappeler – afin de le pardonner.

Une double manœuvre sera nécessaire dans mes rapports avec Cordélia. Si je ne fais que fuir devant sa suprématie, il serait bien possible que l'érotisme en elle devienne trop mou, trop inconsistant pour permettre à la plus profonde féminité de se dégager distinctement. Elle serait alors incapable d'offrir de la résistance lorsque commencera la seconde lutte. Il est bien vrai que la victoire lui vient en dormant, mais c'est aussi ce que je veux; en revanche, il faut qu'elle soit continuellement réveillée. Alors, lorsqu'un instant elle aura l'impression que la victoire lui a été à nouveau arrachée, elle devra apprendre à n'en pas démordre. C'est dans ce conflit que sa féminité mûrira. La conversation pourrait servir à l'enflammer, des lettres à la tempérer, ou inversement, ce qui à tous égards serait préférable. Je peux alors jouir de ses instants les plus intenses. Une lettre reçue et le doux venin étant passé dans son sang, une parole suffira pour déchaîner l'amour. L'instant d'après l'ironie et le givre jetteront le doute dans ses esprits, ce qui cependant n'empêchera pas qu'elle continue à croire en sa victoire et qu'à la réception d'une seconde lettre elle la croira accrue. L'ironie ne trouve pas non plus aussi bien sa place dans des lettres, car on court le risque de ne pas se faire comprendre d'elle. Les rêveries ne s'adaptent que par éclairs à une conversation.

Ma présence personnelle empêchera l'extase. Si je ne suis présent que dans une lettre, elle peut mieux s'en accommoder, elle me confondra jusqu'à un certain point avec un être plus universel qui habite son amour. Dans une lettre on peut aussi mieux se démener, là on peut le mieux du monde se jeter à ses pieds, etc., ce qui aisément ressemblerait à du galimatias si je le faisais personnellement, et l'illusion serait perdue. La contradiction dans ces manœuvres provoquerait et développerait, fortifierait et consoliderait l'amour en elle, bref, le tenterait.

Pourtant, ces lettres ne doivent pas prématurément adopter un fort coloris érotique. Il vaut mieux que pour commencer elles aient une empreinte plus universelle, qu'elles contiennent une ou deux indications à mots couverts et éloignent quelque doute possible. Occasionnellement elles indiqueront aussi l'avantage des fiançailles pour autant qu'elles peuvent écarter les gens en les mystifiant. D'ailleurs, l'occasion ne lui manquera pas de s'apercevoir de leurs défauts. Et à côté de cela j'ai la maison de mon oncle qui peut toujours me servir de caricature. Cordélia ne saurait engendrer l'érotisme profond sans mon aide. Et si je le lui refuse et si je permets à cette parodie de la tourmenter, elle perdra bien le goût d'être fiancée sans pouvoir, toutefois, dire qu'en somme c'est de ma faute.

Elle recevra aujourd'hui une petite lettre qui, en décrivant mon état d'âme, lui indiquera légèrement où elle en est elle-même. C'est la bonne méthode et, de la méthode, j'en ai, et cela grâce à vous, mes chères enfants que j'ai jadis aimées. C'est à vous que je dois ces dispositions de mon âme qui me rendent capable d'être ce que je veux pour Cordélia. Je vous adresse un souvenir reconnaissant, l'honneur vous en revient. J'avouerai toujours qu'une jeune fille est un professeur-né et qu'on peut toujours apprendre d'elle, sinon autre chose, tout au moins l'art de la tromper – car en cette matière personne n'égale les jeunes filles pour vous l'apprendre; si vieux que je vive, je n'oublierai pourtant jamais, qu'un homme n'est fini que lorsqu'elle a atteint l'âge où il ne peut plus rien apprendre d'une jeune fille.

Ma Cordélia!

Tu dis que tu ne m'avais pas imaginé ainsi, mais moi non plus je ne m'étais pas figuré que je pouvais devenir ainsi. Est-ce donc toi qui as changé? Car il serait bien possible qu'au fond ce ne soit pas moi qui ai changé, mais les yeux avec lesquels tu me regardes; ou est-ce moi? Oui, c'est moi parce que je t'aime, et c'est toi, parce que

c'est toi que j'aime. A la lumière froide et tranquille de la raison, fier et impassible, je regardais
tout, rien ne m'épouvantait, rien ne me surpre-
nait, oui, même si l'esprit avait frappé à ma
porte, j'aurais tranquillement saisi le flambeau
pour ouvrir. Mais vois, ce ne sont pas des
fantômes à qui j'ai ouvert, des êtres pâles et sans
force, c'était à toi, ma Cordélia, c'était la vie, la
jeunesse, la santé et la beauté qui venaient à ma
rencontre. Mon bras tremble, je ne parviens pas
à tenir le flambeau immobile, je recule devant
toi sans pouvoir m'empêcher de fixer les yeux
sur toi et de désirer tenir le flambeau immobile.
J'ai changé, mais pourquoi ce changement, comment s'est-il effectué et en quoi consiste-t-il? Je
l'ignore, je ne sais d'autre précision, aucun prédicat plus riche que celui que j'emploie lorsque
de façon infiniment énigmatique je dis de moi-
même : j'ai été transformé.

                    Ton JOHANNES.

Ma Cordélia!

L'amour aime le secret – les fiançailles révè-
lent; il aime le silence – les fiançailles sont
annonciatrices; il aime le murmure – les fiançailles proclament bruyamment; et pourtant, les
fiançailles, grâce justement à l'art de Cordélia,
seront un moyen excellent pour tromper les

adversaires. Dans une nuit sombre rien n'est
plus dangereux pour les autres bateaux que de
mettre des feux qui trompent plus que l'obscu-
rité.

Ton JOHANNES.

Elle est assise sur le sopha devant la table à
thé, je suis à côté d'elle; elle me tient par le
bras, sa tête, tourmentée de nombreuses pensées, s'appuie sur mon épaule. Elle est si près
de moi, et pourtant si lointaine encore, elle
s'abandonne, et pourtant elle ne m'appartient
pas. Il y a encore de la résistance, mais celle-ci
n'est pas subjectivement réfléchie, c'est la
résistance ordinaire de la féminité; car la
nature féminine est un abandon sous forme
de résistance. – Elle est assise sur le sopha
devant la table à thé, je suis assis à côté d'elle.
Son cœur bat, mais sans passion, sa poitrine se
lève et se baisse, mais sans agitation, parfois
son teint change, mais par transitions douces.
Est-ce de l'amour? Nullement. Elle écoute, elle
comprend. Elle écoute la parole ailée et la
comprend, elle écoute parler un autre et le
comprend comme si c'était elle; elle écoute sa
voix qui fait écho en elle, elle comprend cet
écho comme si c'était sa propre voix qui ouvre
des perspectives pour elle et pour un autre.

156

Que fais-je? Est-ce que je la séduis? Nullement, cela ne ferait pas non plus mon compte. Est-ce que je vole son cœur? Nullement; je préfère aussi que la jeune fille que je dois aimer garde son cœur. Que fais-je alors? Je me forme un cœur à l'image du sien. Un artiste peint sa bien-aimée, et il y trouve son plaisir, un sculpteur la forme, et c'est ce que je fais aussi, mais au sens spirituel. Elle ne sait pas que je possède ce portrait, et c'est en cela au fond que consiste mon crime. Je me le suis procuré clandestinement, et c'est dans ce sens que j'ai volé son cœur, comme lorsqu'on dit de Rebecca qu'elle vola le cœur de Laban en lui dérobant perfidement ses pénates.

Pourtant, l'entourage et le cadre ont une grande influence sur nous, ils sont de ces choses dont s'imprègne le plus solidement et le plus profondément la mémoire, ou plutôt toute notre âme, et qui par conséquent ne seront non plus oubliés. Quel que sera mon âge, il me sera toujours impossible d'imaginer Cordélia dans une autre ambiance que celle de cette petite pièce. Quand je viens la voir, la bonne m'ouvre généralement la porte du salon, Cordélia vient de sa chambre, et nous ouvrons en même temps les deux portes pour entrer dans la pièce familiale, de sorte que nos regards se rencontrent dès le seuil. Cette pièce est petite et d'une intimité charmante, on dirait presque un cabinet. Bien que l'ayant regardée de bien des points de vue c'est toujours du sopha que je la préfère. Elle est assise là à mon côté, devant nous se trouve une table à thé ronde, couverte d'un tapis aux plis amples. Sur la table, une lampe en forme de fleur qui, robuste et replète, pousse pour porter sa couronne, d'où tombe un voile de papier, finement découpé, et si léger qu'il oscille tout le temps. La forme de la lampe fait penser à l'Orient, et les mouvements du voile rappellent les brises légères de ces pays lointains. Le parquet disparaît sous un tapis d'osier tissé, d'une espèce particulière qui trahit son origine étrangère. Par moments la lampe sera pour moi l'idée directrice de mon paysage. Alors nous restons étendus par terre sous la fleur de la lampe. A d'autres moments le tapis d'osier me fait penser à un navire, à une cabine d'officier – nous voguons alors au milieu du grand océan. Comme nous sommes assis loin de la fenêtre nous plongeons nos regards immédiatement dans l'immensité du ciel, ce qui aussi augmente l'illusion. Etant ainsi assis à son côté, j'évoque ces choses comme une image qui passe furtivement sur la réalité, aussi vite que la mort sur votre tombe. L'ambiance est toujours d'une grande importance, surtout à cause du souvenir. Toute relation érotique doit être vécue de manière qu'il vous soit facile d'en évoquer une image avec tout ce qu'il y a de beau en elle.

Afin d'y réussir il faut surtout faire attention à l'ambiance. Si on ne la trouve pas au gré de vos désirs, il n'y a qu'à en produire une autre. Ici, elle convient entièrement à Cordélia et à son amour. Mais quelle image toute différente se présente à mon esprit lorsque je pense à ma petite Emilie, et pourtant, son ambiance lui convenait aussi à la perfection. Je ne peux pas me l'imaginer, ou plutôt je ne le veux pas, sauf dans le petit salon donnant sur le jardin. Les portes en étaient ouvertes, un petit jardin devant la maison limitait la vue et forçait le regard à s'y fixer, à l'arrêter avant de suivre hardiment la grand-route qui se perdait au loin. Emilie était charmante, mais plus insignifiante que Cordélia. Aussi, le cadre ne visait qu'à cela. Le regard connaissait ses limites, il ne se lançait pas hardiment, impatiemment, il se reposait sur le petit premier plan; la grand-route elle-même, bien que se perdant romantiquement au loin, avait pourtant plutôt pour effet que les yeux suivaient son trajet, pour revenir en suivant le même trajet. Tout était terre à terre dans cette chambre. L'entourage de Cordélia ne doit avoir aucun premier plan, mais la hardiesse de l'horizon infini. Elle ne doit pas vivre près de la terre, mais planer, – elle ne doit pas marcher, mais voler, non pas deçà et delà, mais éternellement de l'avant.

Quand on est fiancé soi-même on est initié à plaisir aux manières ridicules des fiancés. Il y a quelques jours le licencié Hansen accompagné de l'aimable jeune fille, avec qui il s'est fiancé, se présenta. Il me confia qu'elle était charmante, ce que je savais d'avance, il me confia qu'elle était très jeune, ce que je n'ignorais pas non plus, et enfin, il me confia que c'était justement à cause de sa jeunesse qu'il l'avait choisie, pour la former suivant l'idéal dont il avait toujours eu le sentiment. Seigneur Dieu! ce bêta de licencié – et une jeune fille saine, florissante et enjouée. Je suis pourtant un praticien d'assez vieille date, mais je ne m'approche jamais d'une jeune fille autrement que comme des *Venerabile* de la nature, et c'est elle qui me donne les premières leçons. Et si j'ai une influence quelconque sur sa formation, c'est en lui apprenant toujours et toujours ce que j'ai appris d'elle.

Il faut que j'émeuve son âme, que je l'agite dans tout les sens possibles, mais non pas par bribes et à-coups de vent, mais en entier. Il faut qu'elle découvre l'infini, qu'elle apprenne que c'est ce qui est le plus proche de l'homme. Qu'elle l'apprenne, non pas par le raisonnement, qui pour elle est une fausse route, mais dans l'imagination, qui est le vrai moyen de communication entre nous; car ce qui constitue une des facultés de l'homme est le tout pour la femme. Ce n'est pas par les voies laborieuses du raisonnement qu'elle doit s'efforcer d'atteindre l'infini, car la femme n'est pas née pour le travail, mais c'est par les voies faciles de l'imagination et du cœur qu'elle doit le saisir. Pour une jeune fille l'infini est aussi naturel que l'idée que tout amour doit être heureux. Partout où une jeune fille se tourne elle trouve l'infini autour d'elle, et elle y passe d'un saut, mais, bien entendu, d'un saut féminin et non pas masculin. En effet, que les hommes sont d'ordinaire maladroits! Pour sauter ils prennent de l'élan, ils ont besoin de longs préparatifs, ils calculent la distance avec les yeux, ils commencent plusieurs fois, s'effrayent et reviennent. Finalement ils sautent et tombent dedans. Une jeune fille saute d'une autre manière. Dans les contrées montagneuses on trouve souvent deux rocs faisant saillie, séparés d'un gouffre sans fond, terrible à regarder. Aucun homme n'ose faire le saut. Mais, racontent les habitants de la contrée, une jeune fille a osé le faire et on l'appelle le « Saut de la pucelle ». Je ne demande qu'à le croire, comme je crois tout ce qu'on raconte de bien et de merveilleux d'une jeune fille, et cela me réchauffe le cœur d'en entendre parler les braves habitants. Je crois tout, même le merveilleux, et je ne m'en étonne que pour y croire; comme la première et la seule chose qui m'ait étonné dans ce monde a été une jeune fille, ce sera aussi la dernière. Et pourtant, un tel saut n'est qu'un sautillage pour elle, tandis que le saut d'un homme devient toujours ridicule parce que, quelle que soit la

161

longueur de son enjambée, son effort ne sera rien par rapport à la distance entre les rocs, tout en donnant une sorte de mesure. Mais qui serait assez sot pour s'imaginer une jeune fille prenant de l'élan. On peut bien se la figurer courant, mais cette course elle-même est alors un jeu, une jouissance, un déploiement de grâce, tandis que l'idée d'un élan sépare ce qui se relie très étroitement chez la femme. Car la dialectique, qui répugne à sa nature, se trouve dans un élan. Et enfin, le saut, là encore, qui oserait être assez inesthétique pour séparer ce qui est étroitement lié! Son saut est un vol plané. Et en arrivant de l'autre côté, elle se trouve là, non pas épuisée par l'effort, mais de nouveau plus belle que jamais, encore plus pleine d'âme, elle nous jette un baiser, à nous qui sommes restés de ce côté-ci. Jeune, nouvelle-née, comme une fleur poussée des racines de la montagne, elle se balance sur l'abîme, presque à nous donner le vertige. – Ce qu'elle doit apprendre, c'est à faire tous les mouvements de l'infini, c'est à se balancer, elle-même, à se bercer dans des états d'âme, à confondre poésie et réalité, vérité et fiction, à s'ébattre dans l'infini. Quand elle se sera familiarisée avec ce remue-ménage, j'y associerai l'érotisme, et elle sera ce que je veux, ce que je désire. Alors j'aurai fini mon service, mon travail, je pourrai plier toutes mes voiles, je serai assis à son côté, et nous avancerons en nous servant de ses voiles. Et je n'exagère pas, une fois que cette jeune fille sera enivrée par l'érotisme, je serai sans doute assez occupé à tenir la barre et à modérer l'allure, pour qu'il ne se produise rien de prématuré, ni d'inesthétique. De temps en temps on percera un petit trou dans la voile et, ensuite, nous nous élancerons de nouveau.

Dans la maison de mon oncle, Cordélia s'indigne de plus en plus. Plusieurs fois elle m'a demandé de ne plus nous y rendre, mais sans succès, – je sais toujours trouver des prétextes. Hier soir en sortant de là elle m'a serré la main avec une passion extraordinaire. Elle s'est sans doute sentie très torturée là-bas et cela n'est vraiment pas étonnant. Si je ne m'amusais pas toujours à observer les monstruosités de cette agglomération factice, je serais incapable de continuer à m'y intéresser. Ce matin j'ai reçu d'elle une lettre dans laquelle elle raille les fiançailles en général, avec plus d'esprit que je ne l'en aurais crue capable. J'ai baisé la lettre, la plus chère de celles que j'ai reçues. Très bien, ma Cordélia! Tout ce que je voulais.

C'est assez curieux, la chance a voulu qu'à Ostergade deux pâtissiers se trouvent l'un vis-à-vis de l'autre. Au premier étage à gauche loge une petite demoiselle. D'habitude elle se cache derrière une jalousie couvrant le carreau où elle est assise. La jalousie est d'une étoffe très mince, et celui qui connaît la jeune fille, ou qui l'a vue souvent, s'il a de bons yeux, pourra aisément reconnaître tous ses traits, tandis que pour celui qui ne la connaît pas et qui n'a pas de bons yeux, elle n'est qu'une silhouette sombre. Je suis plutôt dans ce cas, au contraire d'un jeune officier qui tous les jours, à midi précis, fait son apparition dans ces parages et regarde ladite jalousie. C'est elle, au fond, qui d'abord a attiré mon attention sur cette belle communication télégraphique. Les autres fenêtres n'ont pas de jalousies, et celle qui, toute solitaire, ne cache qu'un seul carreau, indique généralement que quelqu'un se trouve derrière elle. Un matin j'étais à la fenêtre du pâtissier d'en face. Il était juste midi. Sans faire attention aux passants dans la rue, je fixais mes yeux sur cette jalousie-là, quand subitement, derrière elle, la sombre figure commença à bouger. Une tête de femme apparut de profil à la vitre d'à côté, en se tournant bizarrement dans le sens de la jalousie. Après quoi la propriétaire salua très amicalement d'un petit mouvement de cette tête et se cacha à nouveau derrière la jalousie. J'en conclus notamment que la personne qu'elle saluait était un homme, car son geste était trop passionné pour être dû à la vue d'une amie; mais j'en conclus aussi que l'objet du salut devait généralement venir du côté opposé. Elle s'était donc placée comme il fallait pour pouvoir le voir longtemps à l'avance et même le saluer cachée par la jalousie. – Parfaitement! à midi juste le héros de cette petite scène d'amour arrive, – notre cher lieutenant. Je me trouve chez le pâtissier au rez-de-chaussée de la maison où la jeune fille loge au premier étage. Le lieutenant l'a déjà aperçue. Attention! mon cher ami, ce n'est pas si commode que cela de faire un beau salut à un premier étage. Il n'est d'ailleurs pas mal, assez grand, élancé, une belle figure, avec un nez aquilin, des cheveux noirs et un tricorne seyant. Mais maintenant il est dans l'embarras, les jambes commencent peu à peu à flageoler, elles deviennent trop longues. Pour les yeux l'effet est comparable au sentiment qu'un mal de dents vous donne : que celles-ci poussent dans la bouche. A concentrer tout son pouvoir dans le regard et le diriger vers un premier étage, on risque d'ôter trop de force aux jambes. Pardonnez-moi, Monsieur le lieutenant, si j'arrête ce regard dans son vol vers le ciel. Mais oui, c'est une impertinence. Prétendre que c'est un regard qui en dit long serait faux, il ne compte plutôt pas, bien qu'étant plein de promesses. Mais toutes ces promesses lui montent apparemment trop à la tête; il chancelle, ou, pour parler comme le poète à l'égard d'Agnète, il titube, il tombe. Il ne le mérite pas. C'est bien fâcheux, car lorsque en galant homme on veut émouvoir les dames, il ne faut jamais tomber. Il faut faire attention à ces choses-là si on veut être homme du monde, mais elles sont indifférentes si on se présente simplement comme figure intellectuelle; car on s'enfonce alors en soi-même, on s'effondre, et si on tombait réellement personne ne s'en étonnerait. – Qu'est-ce que ma petite demoiselle a bien pu penser de cet incident? Il est malheureux que je ne puisse pas être des deux côtés à la fois de ces Dardanelles. Je pourrais bien poster une de mes connaissances de l'autre côté, mais je préfère toujours faire mes observations moi-même, et, d'ailleurs, on ne peut jamais savoir ce qui peut résulter pour moi-même de cette affaire, et dans ce cas il n'est jamais bon d'avoir un confident, car on perd alors du temps à lui arracher ce qu'il sait et à le déconcerter. – Mon bon lieutenant commence réellement à m'ennuyer. Jour après jour il défile là en grand uniforme. Quelle terrible constance! Est-ce digne d'un soldat? Mon cher Monsieur, ne portez-vous pas d'arme blanche? N'est-ce pas votre devoir de prendre la maison à l'assaut et la jeune fille de force? Ah, si vous étiez un simple bachelier, un licencié ou un vicaire vivant d'espérance, ce serait autre chose. Mais je vous pardonne, car plus je regarde la jeune fille, plus elle me plaît. Elle est belle, ses yeux bruns sont pleins d'espièglerie. En attendant votre arrivée sa mine devient rayonnante d'une beauté supérieure qui lui sied au-delà de toute expression. J'en conclus qu'elle doit avoir beaucoup d'imagination, et l'imagination est le fard naturel du beau sexe.

Ma Cordélia!

Qu'est-ce que le désir? La langue et les poètes font rimer désir et prison. Quelle absurdité! Comme si celui qui est en prison pouvait brûler de désir! Si j'étais libre, combien ne le ferais-je pas! Et, d'autre part, je suis bien libre, libre comme l'oiseau et, croyez-moi, je brûle de désir, – je le fais en me rendant chez toi et en te quittant, et, même étant assis à ton côté, je brûle du désir de toi. Mais peut-on donc désirer ce qu'on possède? Oui, si on pense qu'à l'instant d'après peut-être on ne le possédera plus. Mon désir est une impatience éternelle. Si j'avais vécu toutes les éternités et gagné la conviction qu'à tout instant tu m'appartiens, c'est alors seulement que je te rejoindrais et vivrais toutes les éternités avec toi; – certes je n'aurais pas assez de patience pour être séparé de toi un seul instant sans brûler de désir, mais j'aurais assez de confiance pour rester calme à côté de toi.

Ton JOHANNES.

Ma Cordélia!

A la porte attend un petit cabriolet qui pour moi est plus grand que le monde entier puisqu'il y a place pour deux; il est attelé d'une paire de chevaux sauvages et indociles, impatients comme mes passions, hardis comme mes pensées. Si tu le veux, je t'enlève, ma Cordélia! Un mot de toi sera pour moi l'ordre qui lâchera les guides et l'envie de la fuite. Je t'enlèverai, non pas de quelques hommes pour en rejoindre d'autres, mais en dehors du monde; — les chevaux se cabrent et la voiture se penche en arrière; les chevaux à la verticale, presque au-dessus de nos têtes, nous enfilons le ciel à travers les nuages; les oreilles nous tintent, est-ce nous qui restons immobiles et le monde qui tourne, ou est-ce notre envolée aventureuse? as-tu le vertige, ma Cordélia, tiens-toi ferme à moi qui ne l'aurai pas. On n'aura jamais de vertige spirituel si l'on ne pense qu'à une seule chose, et moi, je ne pense qu'à toi — ni de vertige physique, si l'on ne fixe le regard que sur un seul objet, et moi, je ne regarde que toi. Tiens ferme; même si le monde périssait, même si notre léger

168

cabriolet disparaissait sous nous, serrés dans les bras l'un de l'autre, nous planerions quand même dans l'harmonie des sphères.

TON JOHANNES.

C'en est presque trop. Mon valet a attendu dix heures et moi-même deux dans la pluie et le vent, seulement afin de guetter la chère petite Charlotte Hahn. Tous les mercredis entre deux et cinq elle va d'habitude voir une vieille tante à elle, et justement aujourd'hui, où je souhaitais tant la rencontrer elle ne vient pas. Et pourquoi ce souhait? Parce qu'elle sait m'imprimer un état d'âme tout à fait particulier. Je la salue, elle fait sa révérence d'une manière à la fois indescriptiblement terrestre et pourtant si sublime; elle reste presque immobile, comme si elle devait disparaître sous la terre, et pourtant son regard semble dire qu'elle est prête à monter au ciel. En la voyant mon âme devient solennelle, en même temps que pleine de désir. La jeune fille n'occupe d'ailleurs pas mes esprits, et, sauf ce salut, je ne demande rien, voulût-elle me l'offrir. Son salut me met en une bonne humeur dont je suis ensuite prodigue envers Cordélia. – Toutefois, je parie que d'une façon ou d'une autre elle nous a filé sous le nez. Ce n'est pas seulement dans les comédies, mais dans la réalité aussi, qu'il est difficile de surveiller une jeune fille; il faut autant d'yeux que de doigts. Il y avait une fois une nymphe, Cardéa, qui s'appliquait à duper les hommes. Elle se tenait dans des contrées boisées, attirait ses amants dans la brousse la plus dense, et disparaissait. Elle voulut duper Janus aussi, mais c'est lui qui lui donna le change, grâce aux yeux qu'il avait derrière la tête.

Mes lettres ne manquent pas leur but. Elles développent son âme, sinon son érotisme. Des lettres, d'ailleurs, n'y peuvent servir, mais des billets. Plus l'érotisme fait de chemin, plus elles deviennent courtes, mais elles touchent avec plus de certitude au point érotique. Afin de ne pas la rendre sentimentale ou molle, l'ironie de son côté raidit les sentiments, et la rend en même temps avide de la nourriture qu'elle préfère. Les billets, au loin et vaguement, font deviner le bien suprême. Nos rapports se rompront à l'instant où ce pressentiment commencera à naître dans son âme. Sous ma résistance, il prendra forme en elle, comme si c'était sa propre pensée, une impulsion de son propre cœur. Et c'est ce que je veux.

Ma Cordélia!

Il existe une petite famille ici à Copenhague, comprenant une veuve et ses trois filles. Deux d'entre elles apprennent aux Cuisines du Roi. Un après-midi au début de l'été, vers cinq heures, la porte du salon s'ouvre doucement et un regard scrutateur fait le tour de la pièce. Il n'y a personne sauf une jeune fille au piano. On entrebâille la porte pour prêter l'oreille sans être vu. Ce n'est pas une artiste qui joue – dans ce cas on aurait sans doute refermé la porte. Elle joue une mélodie suédoise dont les paroles parlent de la jeunesse et de la beauté trop brèves; elles raillent la jeunesse et la beauté d'une jeune fille et celle-ci raille les paroles. Qui a raison? La jeune fille ou les paroles? La musique est si douce, si triste, comme si la mélancolie était l'arbitre chargé de trancher le conflit. – Mais elle a tort cette mélancolie. Quoi de commun entre la jeunesse et ces réflexions? Entre le matin et le soir? Les touches vibrent et frémissent, les esprits sonores du piano surgissent en désordre et ne se comprennent pas mutuellement – ma Cordélia, pourquoi cette véhémence, dans quel but cette passion?

A quelle distance dans le temps un événement doit-il être éloigné pour qu'on s'en souvienne, et à quelle distance pour que le désir nostalgique du souvenir ne puisse plus l'atteindre? La plupart des gens ont des bornes à cet égard; ils ne peuvent pas se souvenir de ce qui leur est trop proche dans le temps, ni de ce qui leur est trop loin. Pour moi les bornes n'existent pas. Je recule de milliers d'années ce qui fut vécu hier, et je m'en souviens comme si c'était d'hier.

Ton JOHANNES.

Ma Cordélia!

J'ai un secret à te confier, mon amie intime. A qui pourrais-je le confier? A l'écho? Il le trahirait. Aux étoiles? Elles sont glaciales. Aux hommes? Ils ne le comprennent pas. Il n'y a que toi à qui j'ose le confier, car tu sais l'oublier. Il existe une jeune fille plus belle que le rêve de mon âme, plus pure que la lumière du soleil, plus profonde que la source des mers, plus fière que le vol de l'aigle – il existe une jeune fille – oh! Penche ta tête vers mon oreille et vers ma voix, pour que mon secret puisse s'y faufiler – j'aime cette jeune fille plus que ma vie, car elle est ma vie; je l'aime plus que tous mes désirs, car elle est mon seul désir; plus que toutes mes pensées, car elle est mon unique pensée; plus ardemment que le soleil aime les fleurs; plus intimement que le chagrin secret de l'âme en peine; plus impatiemment que le sable brûlant du désert aime la pluie – je suis attaché à elle avec plus de tendresse que le regard de la mère à l'enfant, avec plus de confiance qu'une âme en prière; elle est plus inséparable de moi que la plante de sa racine.

Ta tête s'alourdit, devient pensive, elle s'affaisse sur la poitrine, la gorge se soulève pour la secourir – ma Cordélia! Tu m'as compris, exactement, à la lettre, sans perdre un mot! Dois-je tendre les cordes de mon oreille pour permettre à ta voix de m'en assurer? Un doute, serait-il possible? Garderas-tu ce secret? Oserai-je compter sur toi? On parle de gens qui par des crimes horribles se vouaient l'un l'autre au silence. A toi j'ai confié un secret qui est ma vie et la substance de ma vie; n'as-tu rien à me confier qui soit assez important, assez beau, assez chaste pour que des forces surnaturelles s'agitent si le secret en est trahi?

Ton JOHANNES.

‒ Ma Cordélia!

Le ciel est couvert – de sombres nuages chargés de pluie, comme des sourcils noirs, sillonnent son visage passionné, les arbres dans la forêt s'agitent, ballottés par des rêves troubles. Pour moi tu t'es égarée dans la forêt. Derrière chaque arbre je vois un être féminin qui te ressemble, mais quand je m'approche il se cache derrière un autre. Ne veux-tu pas te montrer à moi, te ramasser sur toi-même? Tout se brouille

173

*pour moi; chaque élément isolé de la forêt perd
son contour, tout n'est qu'une mer de brouillards
dans laquelle des êtres féminins, qui te ressemblent, paraissent et disparaissent. Ce n'est pas toi
que je vois, tu t'engloutis toujours dans les
vagues de la vision, et pourtant chaque image,
dans laquelle je crois te voir, me rend déjà
heureux. A quoi cela tient-il? – Est-ce à la riche
unité de ta nature, où à la pauvre complexité de
la mienne? – T'aimer, n'est-ce pas aimer un
monde?*

Ton Johannes.

J'aurais vraiment beaucoup d'intérêt à
reproduire exactement mes conversations
avec Cordélia. Mais je vois bien que c'est
impossible; car même si je réussissais à me
souvenir de chaque parole échangée entre
nous, il est naturellement impossible de rendre l'ambiance, qui au fond est le nerf de la
conversation, les surprises reflétées par les
exclamations, la passion, principe vital de la
conversation. Naturellement, je ne me prépare
pas pour ces entretiens, ce qui serait contraire
au caractère même d'une conversation, surtout d'une conversation érotique. Seulement
j'ai toujours *in mente* le contenu de mes lettres, de même que l'état d'âme créé chez elle
par ces lettres est toujours présent à mon

esprit. Certes, je n'irai jamais lui demander si elle les a lues. Il m'est d'ailleurs facile de m'en assurer. Je ne lui en parle jamais directement, mais je maintiens une communication secrète avec elles dans ma conversation, aussi bien pour renforcer quelque impression dans son âme, que pour la lui arracher et ainsi l'égarer. Elle peut alors relire la lettre et en avoir une autre impression, et ainsi de suite.

Elle a changé et elle continue à changer. Si je devais définir l'état de son âme, je dirais qu'actuellement il est de l'audace panthéiste. On le voit immédiatement dans son regard. Les espérances qui s'y reflètent sont audacieuses, presque téméraires, comme si ce regard à tout instant exigeait et pressentait l'extraordinaire. Comme un regard qui voit au-delà de soi, celui-ci voit au-delà de ce qui se montre immédiatement à lui et voit le merveilleux. Audacieux, presque téméraire, mais non pas par confiance en lui-même, c'est par conséquent un regard de rêve et de prière, non pas fier et impérieux. Elle cherche le merveilleux en dehors d'elle, elle le priera de se montrer, comme s'il n'était pas en son propre pouvoir de le faire surgir. Il faut empêcher cela, car autrement je prendrais trop tôt de la prépondérance sur elle. Elle me disait hier qu'il y avait quelque chose de royal dans ma nature. Peut-être se courbera-t-elle, mais il ne le faut pas, à aucun prix. Sans doute, ma chère Cordélia, y a-t-il quelque chose de royal dans ma nature, mais tu ne devines pas quel est le royaume sur lequel je règne. C'est celui des tempêtes des états d'âme. Comme Eole je les tiens renfermées dans l'antre de ma personnalité, et j'en déchaîne tantôt une, tantôt une autre. La flatterie lui donnera le sentiment de sa dignité, la différence entre le mien et le tien sera gardée, et tout lui sera attribué. Mais il faut une grande prudence si on veut flatter. Il faut parfois se placer sur un piédestal très haut, mais de façon qu'il en reste un plus haut encore, parfois il faut faire très peu de cas de soi-même. Pour un but spirituel la meilleure voie est la première, pour un but érotique la seconde. – Me doit-elle quelque chose? Mais rien. Pourrais-je le souhaiter? Nullement. Je suis trop expert, j'ai trop de connaissance de l'érotisme pour une telle ineptie. Mais si elle avait réellement une dette envers moi, je ferais tout ce qui est en mon pouvoir pour qu'elle l'oublie et pour endormir mes propres pensées à cet égard. Toute jeune fille par rapport au labyrinthe de son cœur est une Ariane, qui tient le fil grâce auquel on peut s'y retrouver, mais elle ne sait s'en servir elle-même.

Ma Cordélia!

Parle – je t'obéirai, ton désir est un ordre, ta prière est une conjuration toute-puissante, et le plus léger de tes désirs est un bienfait pour moi; car je ne t'obéis pas comme un esprit esclave qui te serait extérieur. Ordonne et ta volonté sera faite et moi-même avec elle; car je suis un désordre moral qui n'attend qu'un mot de toi.

Ton JOHANNES.

Ma Cordélia!

Tu sais que j'aime beaucoup parler avec moi-même. J'ai trouvé en moi l'être le plus intéressant que je sache. J'ai pu craindre parfois de manquer de matière pour ces conversations, mais c'est fini, car maintenant je t'ai. C'est donc de toi que je parle actuellement, de toi que je parlerai éternellement, de toi le plus intéressant des sujets avec le plus intéressant des hommes – Hélas! Car je ne suis qu'un homme intéressant, tandis que toi, tu es le sujet le plus intéressant.

Ton JOHANNES.

Ma Cordélia!

Tu trouves qu'il y a si peu de temps que je t'aime, tu sembles craindre presque que j'aie pu aimer avant. Il existe des manuscrits où l'œil perspicace flaire aussitôt un texte ancien qui peu à peu a été supplanté par des absurdités qui ne reposent sur rien. Celles-ci ayant été effacées à l'aide de corrosifs l'ancien texte apparaît, net et précis. C'est ainsi que mes yeux m'ont appris à me retrouver en moi-même, je laisse l'oubli effacer tout ce qui ne se rapporte pas à toi, et je découvre alors un texte primitif de très vieille date, divinement jeune, je découvre que mon amour pour toi est aussi vieux que moi-même.

Ton JOHANNES.

Ma Cordélia!

Comment un royaume divisé contre lui-même peut-il subsister? Comment pourrais-je subsister, puisque je suis en lutte avec moi-même? Au sujet de quoi? De toi, pour trouver quelque calme, si c'est possible, en pensant que je suis amoureux de toi. Mais comment trouverais-je ce calme? L'une des puissances en lutte désire toujours convaincre l'autre que c'est elle qui réellement ressent l'amour le plus profond et le

plus sincère; l'instant d'après c'est l'autre qui le
prétend. Je ne m'en soucierais pas beaucoup si
la lutte avait lieu en dehors de moi, si par
exemple quelqu'un osait être amoureux de toi ou
osait ne pas l'être, car le crime serait le même;
mais cette lutte intérieure me ronge, cette seule
passion en sa dualité.

Ton JOHANNES.

Petite pêcheuse, tu peux bien t'éclipser; cache-toi, si tu veux, parmi les arbres; ramasse ta charge, il te sied si bien de te courber, même à cet instant c'est avec une grâce naturelle que tu te courbes sous les broutilles que tu as rassemblées – une telle créature porter des charges pareilles! Comme une danseuse tu trahis la beauté de tes formes – la taille fine, la poitrine large, une stature florissante, c'est ce que tout commissaire au recrutement avouerait. Tu penses peut-être que ce n'est rien et que les grandes dames sont beaucoup plus belles; hélas, mon enfant! Tu ne connais pas toute la fausseté du monde. Mets-toi tranquillement en route avec ta charge, pénètre l'énorme forêt qui sans doute s'étend bien des lieues dans le pays, jusqu'aux limites des montagnes bleues. Tu n'es peut-être pas une vraie pêcheuse, mais une princesse ensorcelée; tu as ton service chez un gnome, et il est assez cruel

179

pour te faire ramasser du bois dans la forêt. Les choses se passent ainsi dans les contes. Sinon, pourquoi t'enfonces-tu plus profondément dans la forêt? si tu étais réellement fille de pêcheur tu passerais devant moi, de l'autre côté de la route, afin de porter ton bois au village marin. – Suis tranquillement le souriant sentier serpentant entre les arbres, mon regard te trouvera; cherche-moi tranquillement, mon regard te suivra; tu ne peux pas m'émouvoir, je ne serai pas emporté par le désir, je suis paisiblement assis sur la balustrade et je fume mon cigare. – Une autre fois – peut-être – oui, ton regard est espiègle, lorsque tu te retournes ainsi à demi; ton pas léger appelle presque – oui, je le sais, je comprends où mène ce chemin – vers la solitude de la forêt, vers le murmure des arbres, vers le silence si varié. Regarde, même le ciel te favorise, il se cache derrière les nuages, il assombrit l'arrière-fond de la forêt, c'est comme s'il tirait les rideaux devant nous. – Adieu ma belle pêcheuse, adieu, merci pour ta faveur, ce fut un bel instant, un état d'âme, non pas assez fort pour me faire quitter ma place stable sur la balustrade, mais riche cependant d'émotion intérieure.

Quand Jacob eut débattu avec Laban le prix de ses services et qu'il fut convenu que Laban devait mener paître les moutons blancs et comme prix de son travail recevoir toute bête tachetée et marquetée naissant dans son troupeau, il mit des baguettes vertes sous le regard des brebis dans les rigoles, dans les abreuvoirs. – C'est ainsi que je me place partout devant les yeux de Cordélia qui me voient continuellement. Cela lui fait l'effet d'une pure attention de ma part; mais moi je sais qu'à cause de cela son âme perd l'intérêt pour toute autre chose, qu'une concupiscence spirituelle se développe en elle et me voit partout.

Ma Cordélia!

Moi t'oublier! Mon amour est-il donc une œuvre de la mémoire? Même si le temps effaçait tout de ses ardoises, et la mémoire elle-même, nos rapports resteraient aussi vivants, je ne t'oublierais pas. Moi t'oublier! De quoi me souvenir alors? Car je me suis bien oublié moi-même pour me souvenir de toi; si je t'oubliais, je serais bien forcé de me ressouvenir de moi-même et, ce faisant, de me ressouvenir instantanément de toi. Moi t'oublier! Qu'arriverait-il alors? Une peinture antique montre Ariane qui saute de sa couche et cherche anxieusement une barque qui s'enfuit à pleines voiles. A côté d'elle il y a, sans corde à son arc, un Amour qui sèche ses yeux, et derrière elle une femme ailée et casquée qui, croit-on généralement, représente Némésis. Imagine-toi cette fresque, mais un peu modifiée. L'Amour sourit et bande son arc, et Némésis, à ton côté, ne reste pas inactive, elle aussi bande son arc. Sur ladite fresque on voit aussi un homme dans la barque, occupé à son travail. On suppose que c'est Thésée. Mais mon tableau est différent. Là il se trouve sur la poupe, plein de regrets ou, plutôt, sa folie l'a quitté, mais la barque l'emmène. Amour et Némésis visent tous les deux, une flèche vole de chaque arc, et on voit qu'ils touchent bien le but, on comprend que tous les deux frappent au même endroit de son cœur, signe que son amour fut la Némésis qui se vengea.

Ton JOHANNES.

Ma Cordélia!

On dit de moi que je suis amoureux de moi-même. Cela ne m'étonne pas, car comment reconnaîtrait-on ma disposition à l'amour puisque je n'aime que toi, comment la devinerait-on, puisque je n'aime que toi. Je suis amoureux de moi-même, – pourquoi? parce que je suis épris de toi; car c'est toi que j'aime, toi seule et tout ce qui en vérité est à toi, et c'est ainsi que je m'aime moi-même, parce que mon moi t'appartient; si

182

par conséquent je ne t'aimais plus, je cesserais
de m'aimer moi-même. Ce qui aux regards pro-
fanes du monde est l'expression du plus grand
égoïsme est donc à tes yeux initiés l'expression
de la sympathie la plus pure, ce qui aux regards
profanes du monde est l'expression de la conser-
vation personnelle la plus prosaïque, est à tes
yeux sanctifiés l'expression de l'anéantissement
le plus enthousiaste de soi-même.

Ton JOHANNES.

Ma plus grande crainte était que toute l'évo-
lution me prenne trop de temps. Mais je vois
que Cordélia fait de grands progrès, oui qu'il
sera nécessaire de mettre tout en œuvre pour
la bien tenir en haleine. Il ne faut surtout pas
qu'elle s'affaiblisse trop tôt, c'est-à-dire avant
l'heure, sinon l'heure sera passée pour elle.

Lorsqu'on aime on ne suit pas la grande
route. Ce n'est que le mariage qui se trouve au
milieu de la route royale. Lorsqu'on aime et
qu'on vient de Nöddebo, on ne longe pas le
lac d'Esrom, bien qu'au fond ce ne soit
qu'un chemin de chasse; mais il est bien
aplani et l'amour préfère préparer ses propres chemins. On s'enfonce dans les bois

183

de Gribs-skov. Et en se promenant ainsi au bras l'un de l'autre, on se comprend, et ce qui avant était joie et peine confuses s'éclaircit. On ne se doute pas de la présence d'autrui. – Ce beau hêtre fut donc témoin de votre amour; sous sa couronne le premier aveu en fut fait. Tout était présent à votre mémoire : la première rencontre, la première fois où dans la danse vous vous êtes tendu la main, les adieux vers l'aube lorsque vous n'osiez encore rien avouer à vous-mêmes et encore moins le déclarer l'un à l'autre. – Comme il est beau d'écouter ces répertoires de souvenirs de l'amour. – Ils s'agenouillèrent sous l'arbre, ils se jurèrent une fidélité éternelle et scellèrent le pacte par le premier baiser. – Voilà des émotions fécondes à gaspiller sur Cordélia. – Ce hêtre fut donc témoin. Ah! oui, un arbre est bien le témoin qui convient, mais c'est trop peu. Vous pensez, il est vrai, que le ciel aussi fut témoin, mais le ciel, sans plus, est une idée très abstraite. Et c'est pourquoi il y en avait encore un. – Devrais-je me lever et leur divulguer ma présence? Non, car ils me connaissent peut-être, et alors c'est une partie perdue. Devrais-je me lever quand ils s'éloignent et leur faire comprendre que quelqu'un était présent? Non, c'est mal approprié. Rien ne doit rompre le silence sur leur secret – tant que je le veux ainsi. Ils sont en mon pouvoir, je peux les désunir quand je le veux. Je connais leur secret; – ce n'est que de lui ou d'elle que j'ai pu l'apprendre – d'elle-même? C'est impossible – donc de lui? – C'est affreux – bravo! Et pourtant cela frise presque la méchanceté. Enfin, nous verrons bien. Si je peux avoir d'elle une impression que je n'obtiendrais pas autrement, normalement comme je le désire, tant pis, c'est tout ce qui me reste à faire.

Ma Cordélia!

Je suis pauvre – tu es ma richesse; sombre – tu es ma lumière; je ne possède rien, je n'ai besoin de rien. Et comment pourrais-je aussi posséder quelque chose? Car c'est bien une contradiction que de vouloir que celui qui ne se possède pas lui-même possède quelque chose. Je suis heureux comme un enfant, qui ne peut et ne doit rien posséder. Je ne possède rien, car je n'appartiens qu'à toi; je n'existe pas, j'ai cessé d'exister afin d'être à toi.

Ton JOHANNES.

Ma Cordélia!

« Ma » Cordélia – quelle signification attribuer à ce mot : « Ma »? Il ne désigne pas ce qui

185

m'appartient, mais ce à quoi j'appartiens, ce qui embrasse toute ma nature pour autant qu'elle est à moi, pour autant que je lui appartiens. Mon Dieu n'est bien pas le Dieu qui m'appartient, mais bien le Dieu à qui j'appartiens, et c'est ainsi quand je parle de : ma patrie, mon chez-moi, ma vocation, mon désir, mon espoir. S'il n'y avait pas eu auparavant d'immortalité, cette pensée que je suis à toi romprait bien le cours habituel de la nature.

Ton JOHANNES.

Ma Cordélia!

Ce que je suis? Le modeste narrateur qui suit tes triomphes; le danseur qui se courbe sous tes pas quand tu te lèves dans ta grâce légère; la branche sur laquelle tu te reposes un instant quand tu es lasse de voler; la voix basse qui se soumet à la rêverie du soprano, pour la laisser monter encore plus haut – ce que je suis? Je suis la pesanteur terrestre qui t'attache à la terre. Alors, que suis-je? Corps, masse, terre, poussière et cendre – toi, ma Cordélia, tu es âme, et esprit.

Ton JOHANNES.

Ma Cordélia!

L'Amour est tout, – c'est pourquoi toutes choses au fond ont cessé d'avoir de l'importance
pour celui qui aime sauf par l'interprétation que
leur donne l'amour. Si par exemple un fiancé
était convaincu de porter de l'intérêt à une autre
jeune fille qu'à sa fiancée, il ferait sans doute
figure de criminel, et la fiancée se révolterait. Je
sais que toi, au contraire tu verrais un hommage
dans un tel aveu; car tu sais bien quelle impossibilité ce serait pour moi d'en aimer une autre,
c'est l'amour que je te porte qui jette un reflet sur
toute la vie. Si donc je porte intérêt à une autre,
ce n'est pas pour me convaincre que je l'aime, –
ce qui serait éhonté – mais seulement pour toi, –
puisque tu emplis toute mon âme, la vie prend
un autre aspect pour moi, elle devient un mythe
à ton sujet.

Ton JOHANNES.

Ma Cordélia!

Mon amour me dévore et ne laisse que ma
voix, cette voix qui, éprise de toi, te souffle
partout à l'oreille que je t'aime. Oh! es-tu fatiguée
d'entendre cette voix? Elle t'entoure partout; de

*mon âme riche, changeante et creusée par la
réflexion j'enveloppe ton être pur et profond.*

Ton JOHANNES.

Ma Cordélia!

*On lit dans de vieux contes qu'un fleuve s'éprit
d'une jeune fille. Mon âme aussi est un fleuve
qui t'aime. Tantôt il est calme et laisse ton image
se refléter en lui, profonde et tranquille, tantôt il
s'imagine qu'il a capté ton image, et ses flots
grondent pour t'empêcher de t'échapper, tantôt il
ride à la surface et joue avec ton image, parfois
il la perd, et alors ses flots se noircissent et
désespèrent. Ainsi mon âme : un fleuve qui s'est
épris de toi.*

Ton JOHANNES.

Franchement! – même sans une imagination
exceptionnellement vive on peut imaginer un
équipage plus commode, plus confortable et
surtout plus relevé; aller se promener dans
une charrette de tourbier ne fait sensation
qu'au figuré. – Mais, faute de mieux, on s'y
risque. On se promène sur la grand-route, on
monte, on fait une lieue, et rien n'arrive; deux

lieues, tout marche bien et on se sent en confiance; de ce point de vue la contrée se présente même sous un jour meilleur qu'à l'ordinaire; on a atteint presque les trois lieues – mais qui aurait pu penser rencontrer à telle distance un Copenhaguois sur la grand-route? Et vous sentez bien que c'est un Copenhaguois, et non pas quelqu'un de la campagne; sa façon de regarder est toute particulière, si décidée, rien ne lui échappe, il vous juge et il y a un brin de moquerie dans son regard. Oui, ma chère petite, ta situation n'est pas du tout commode, assise, comme sur un plateau, sur ce véhicule tellement plat qu'il n'y a pas un creux pour les pieds. – Mais aussi c'est de votre faute, ma voiture est entièrement à votre disposition, j'ose vous offrir une place beaucoup moins gênante si ça ne vous gêne pas d'être assise à mon côté. Mais si ça vous gêne je vous cède toute la voiture et je m'assieds moi-même sur le siège du cocher, heureux d'oser vous conduire à destination. – Le chapeau de paille n'empêche même pas assez un coup d'œil de côté; inutile de baisser votre tête, j'admire quand même le beau profil. – N'est-il pas vexant que le paysan me salue? Mais rien de plus normal qu'un paysan salue un monsieur distingué. – Et prenez garde, ce n'est pas tout, car voilà une auberge, oui, un relais, et un charretier de tourbe est bien trop dévot en son genre pour ne pas y casser la croûte. Maintenant je vais m'occuper de lui.

J'ai des dons exceptionnels pour charmer les tourbiers. Oh! qu'il me soit permis de vous plaire à vous aussi. Il ne peut pas résister à mon offre, il l'accepte et son effet est également irrésistible. Mais mon valet peut le faire aussi bien que moi. – Maintenant il entre dans l'estaminet et vous restez seule à la remise sur la charrette. – Dieu sait quelle fille c'est? Serait-ce une petite bourgeoise, une fille de bedeau peut-être? Mais pour une fille de bedeau elle est vraiment exceptionnellement belle et habillée avec un goût rare. Ce bedeau doit avoir une vie aisée. Mais j'y pense, ce serait peut-être une petite demoiselle de pur sang qui, lasse de se promener en voiture, a voulu aller à pied jusqu'à la maison de campagne et en même temps s'essayer à une petite aventure. Très possible, ces choses-là arrivent. – Le tourbier ne sait rien, c'est un imbécile qui ne sait que boire. Mais oui, buvez tranquillement, petit père, on ne vous le refuse pas. – Mais qu'est-ce que je vois? C'est bien Mademoiselle Jespersen, ni plus ni moins, Hansine Jespersen, fille du négociant de Copenhague, Ah! mon Dieu! Nous nous connaissons. C'est elle que j'ai rencontrée une fois dans la Bredgade, elle passait en voiture, assise le dos aux chevaux et elle ne pouvait pas ouvrir la fenêtre; je mis mes lunettes et j'eus le plaisir de la suivre des yeux. Sa position la gênait beaucoup, il y avait trop de gens dans la voiture, elle ne pouvait pas bouger, et elle n'osait probablement pas alerter les autres. Sa position actuelle est pour le moins aussi gênante. Nous deux, nous sommes prédestinés l'un à l'autre, pas de doute. On dit que c'est une jeune fille romantique; elle est sûrement sortie de son propre chef. – Mais voilà mon valet avec le charretier de tourbe, il est complètement ivre. C'est affreux, quelle gent corrompue que ces tourbiers. Hélas, oui! Et pourtant, il y a des gens pires qu'eux. – Enfin, vous voilà dans de beaux draps, vous serez obligée de conduire vous-même, c'est tout à fait romantique. – Vous refusez mon offre, vous prétendez vous trouver très bien ainsi. Vous ne me trompez pas? Je sens bien combien vous êtes sournoise. Quand vous aurez fait un bout de chemin, vous sauterez de la voiture – la forêt abrite pas mal de cachettes. – Qu'on me selle mon cheval, je vous suivrai. – Enfin, je suis prêt, vous n'aurez pas à craindre d'agressions. – Mais ne vous effrayez donc pas tant, alors je ferai immédiatement demi-tour. Je ne voulais que vous inquiéter un peu et ainsi rehausser votre beauté naturelle. Car vous ne vous doutez pas que c'est moi qui ai saoulé le paysan, et je ne me suis pas permis de prononcer un mot qui puisse vous offenser. Tout peut encore s'arranger pour le mieux; je saurai bien tourner toute l'affaire de manière à vous en faire rire. Je ne désire avec vous qu'un petit compte, – ne croyez jamais que je prenne une jeune fille par surprise. Je suis un ami de la liberté, et je ne me soucie pas du tout de ce que je n'obtiens pas librement. – « Vous comprendrez vous-même qu'il n'est pas possible de continuer votre voyage de cette manière-là. Je vais moi-même à la chasse, c'est pourquoi je suis à cheval. Mais ma voiture se trouve tout attelée à l'auberge. Si vous en donnez l'ordre elle vous rejoindra dans un instant, et vous conduira là où vous voulez. Malheureusement je ne peux pas avoir le plaisir de vous accompagner, car je suis lié par une promesse, et une promesse de chasse est sacro-sainte ». – Vous acceptez? – tout va être réglé sur-le-champ. – Voyez-vous, vous n'avez plus besoin d'être embarrassée si vous me revoyez un jour, ou tout au moins pas plus qu'il ne vous sied si bien. Vous pouvez vous amuser de toute l'histoire, riez un peu et pensez un peu à moi. C'est tout ce que je demande. On trouvera que c'est peu, mais ce peu me suffit. C'est le commencement, et je suis fort surtout dans les notions préliminaires.

Hier soir il y avait une petite réunion chez la tante. Je savais que Cordélia sortirait son tricot. J'y avait caché un petit billet. Elle le laissa tomber, s'émut, s'impatienta. Voilà comment il faut toujours se servir de la situation. On ne peut imaginer combien d'avantages on peut en tirer. Un billet, au fond insignifiant, lu dans ces circonstances, prend une importance extrême pour elle. Elle ne réussit pas à me parler; je m'étais arrangé à accompagner une dame qui retournait chez elle. Elle a donc dû attendre jusqu'à aujourd'hui. Cela est toujours bon pour enfoncer l'impression plus profondément encore dans son âme. En apparence c'est toujours moi qui ai l'air de lui faire une gentillesse; l'avantage pour moi est d'être installé partout dans ses pensées et de partout la surprendre.

L'amour possède vraiment sa dialectique propre. Il y avait une jeune fille dont je m'étais épris autrefois. L'été dernier je vis au théâtre à Dresde une actrice qui lui ressemblait à s'y tromper. Pour cette raison je désirai faire sa connaissance et j'y réussis, mais je me convainquis alors que la dissemblance était assez grande. Aujourd'hui j'ai rencontré une dame dans la rue qui me rappelait cette actrice-là. Cette histoire peut continuer à l'infini.

Partout mes pensées enveloppent Cordélia, je les envoie autour d'elle comme des anges. Comme Vénus en sa voiture est tirée par des colombes, elle est assise dans son char de triomphe et j'y attelle mes pensées comme des êtres ailés. Elle est heureuse et riche comme une enfant, toute-puissante comme une déesse, et je marche près d'elle. Réellement, une jeune fille est et sera toujours le *venerabile* de la nature et de toute l'existence. Personne ne le sait mieux que moi. Dommage seulement que cette splendeur soit de si brève durée. Elle me sourit, elle me salue, elle me fait signe, comme si elle était ma sœur. Un regard lui rappelle qu'elle est ma bien-aimée.

L'amour a beaucoup de positions. Cordélia fait de bons progrès. Assise sur mes genoux, son bras tendre et chaud jeté autour de mon cou, elle se repose sur ma poitrine sans que je sente un poids quelconque; ses formes douces me touchent à peine; sa taille ravissante, libre comme un nœud, m'enlace. Ses yeux se cachent sous ses paupières, sa gorge est d'un blanc éblouissant comme la neige et si lisse que mes yeux n'y peuvent pas trouver de repos, car ils glisseraient si la gorge ne palpitait pas. Pourquoi cette palpitation? Est-ce l'amour? Peut-être. Un pressentiment de lui, un rêve de lui, mais l'énergie lui manque encore. Elle m'embrasse avec proxilité, comme le nuage de la Transfiguration, libre comme une brise, doucement comme on étreint les fleurs; ses baisers sont fuyants comme ceux que le ciel donne à la mer, doux et tranquilles comme ceux que la rosée donne aux fleurs, solennels comme lorsque la mer caresse l'image de la lune.

J'appellerais sa passion présente une passion naïve. Mais le revirement effectué, lorsque je commencerai à me retirer tout de bon, elle mettra tout en œuvre pour me charmer réellement. Comme moyen il ne lui restera que l'érotisme lui-même, seulement celui-ci apparaîtra sur une échelle autrement vaste. Il sera une arme qu'elle brandira contre moi. Et voilà la passion réfléchie qui s'annoncera. Elle luttera à cause d'elle-même, parce qu'elle sait que je possède l'érotisme; elle luttera à cause d'elle-même afin de me vaincre. Elle aura même besoin d'une forme supérieure de l'érotisme. Ce que par mes stimulants je lui ai appris à soupçonncer, ma froideur le lui fera alors comprendre, mais de façon qu'elle pensera le découvrir elle-même. A l'aide de cela elle voudra me prendre au dépourvu, elle croira me dépasser en hardiesse et par là m'avoir pris. Sa passion deviendra alors décidée, énergique, concluante, dialectique, son baiser total, son étreinte d'un élan irrésistible. – Elle cherchera la liberté chez moi et la trouvera d'autant meilleure que je l'enlacerai davantage. Les fiançailles se rompront, et après elle aura besoin d'un peu de repos, pour qu'aucune laideur ne se produise dans ce tumulte sauvage. Sa passion se recueillera encore une fois, et elle sera à moi.

Comme je le faisais déjà indirectement au temps de feu Edouard, je m'occupe à présent directement de sa lecture. Ce que je lui offre est, selon mon avis, la nourriture la meilleure : la mythologie et les contes. Mais là, comme partout, elle est libre, j'épie tous ses

désirs, et s'il n'y en a pas je les introduis
moi-même d'abord.

Lorsque pendant l'été les bonnes se prépa-
rent à aller à Dyrehaven, c'est en général un
pauvre plaisir. Elles n'y vont qu'une fois l'an et
aussi en veulent-elles pour leur argent. Il leur
faut un chapeau et un châle et elles se dépa-
rent de toutes les manières. La gaieté est
sauvage, laide et lascive. Non, je préfère le
parc de Fréderiksberg. Elles y viennent le
dimanche après-midi, et moi aussi. Là tout est
convenable et décent, et la gaieté même est
moins bruyante et plus noble. D'ailleurs, les
hommes qui n'ont pas de goût pour les bonnes y perdent plus qu'elles. Leurs bandes si
variées constituent réellement la plus belle
milice que nous ayons au Danemark. Si j'étais
roi – je sais bien ce que je ferais – ce ne serait
pas des troupes de ligne que je ferais mes
revues. Si j'étais l'un de nos 32 édiles je
demanderais immédiatement l'institution d'un
comité de salut public qui par ses connaissances en la matière, par ses conseils, ses exhor-
tations et grâce à des récompenses appro-
priées, chercherait de toutes manières à
encourager les bonnes à adopter des toilettes
de goût et bien soignées. Pourquoi gaspiller
tant de beauté pour la faire passer inaperçue à
travers la vie? Qu'elle se présente une fois la

semaine, tout au moins, sous la lumière qui la met en relief! Mais avant tout : du goût, de la mesure. Une bonne ne doit pas avoir l'air d'une dame, comme dit si bien *L'ami de la Police*, mais les raisons de cette estimable feuille sont entièrement erronées. Si on osait ainsi envisager un épanouissement désirable de la classe des bonnes, ne serait-ce pas en retour utile aux demoiselles de chez nous? Ou est-ce trop hasardé de ma part d'entrevoir par cette voie un avenir pour le Danemark, avenir vraiment unique au monde? Et pourvu qu'il me soit permis à moi-même d'être contemporain de cette année sainte, on pourrait en bonne conscience employer la journée entière à flaner par rues et ruelles et se délecter de cet enchantement. Comme ma pensée se passionne et pousse loin, avec hardiesse et avec un tel patriotisme! Mais aussi je me trouve ici à Fréderiksberg où les bonnes viennent les dimanches après-midi, et moi aussi. – D'abord arrivent celles de la campagne, la main dans la main avec leurs bons amis, ou, suivant une autre formule, toutes les filles en tête, la main dans la main, et tous les gars derrière, ou suivant une autre formule, deux filles et un gars. Cette troupe constitue le cadre, ils restent ordinairement debout ou sont assis le long des arbres du grand carré devant le pavillon. Troupe saine et fraîche, seulement avec des contrastes de couleurs un peu trop accusés de peau et de costumes. Ensuite viennent s'y encadrer les filles de Jutland et de Fionie. Elles sont grandes, droites, un peu trop fortes, et leur mise un peu bariolée. Le comité aurait beaucoup à faire ici. Il ne manque non plus quelques représentants de la division de Bornholm : des cordons bleus qu'il ne fait pas bon approcher, ni dans la cuisine, ni à Fréderiksberg, – il y a quelque chose de fier et de repoussant en elles. C'est pourquoi leur présence, par le constraste, n'est pas sans effet, je ne voudrais pas qu'elles manquent ici, mais il est rare que je me commette avec elles. – Et voilà les troupes casse-cœur : les filles de Nyboder. Moins grandes, mais florissantes de stature, replètes, fines de peau, gaies, heureuses, lestes, bavardes, assez coquettes et, avant tout, nu-tête. Leur mise peut, si vous voulez, se rapprocher de celle d'une dame, sauf sur deux points : pas de châle, mais un fichu, pas de chapeau, mais, tout au plus, une petite coiffe sémillante et, de préférence, nu-tête. – Tiens, bonjour, Marie; je vous rencontre ici? Il y a longtemps que je ne vous ai vue. Vous êtes bien toujours chez le Conseiller? – « Oui » – c'est sûrement une très bonne place? – « Oui » – mais vous venez toute seule par ici, personne pour vous accompagner... pas un bon ami, ou, peut-être n'a-t-il pas eu le temps aujourd'hui, ou l'attendez-vous? – comment, vous n'êtes pas fiancée? C'est pas possible. La plus belle fille de Copenhague, – en place chez Monsieur le Conseiller, une fille qui est une gloire et un modèle pour toutes ses collègues, une fille qui sait s'attifer si bien et... si magnifiquement. Quel joli mouchoir vous tenez là, – du plus fin linon-batiste... Et quoi, avec des broderies aux bords, je suis presque sûr qu'il a coûté 10 Marks... plus d'une dame distinguée n'en possède pas de pareil – des gants français – et un parapluie de soie... Et une telle fille ne serait pas fiancée... Mais c'est absurde. Si je ne me trompe pas beaucoup il y avait tout de même Jens qui tenait assez à vous, vous savez bien, Jens de chez le négociant au second étage... Voyez-vous, je tombais juste – mais pourquoi ne vous êtes-vous pas fiancés, Jens était pourtant un beau gars, il avait une bonne place, et peut-être plus tard, par l'influence de Monsieur le négociant, il serait devenu agent de police ou chauffeur dans les machines, ce n'était pas un si mauvais parti... C'est sûrement de votre faute, vous avez été trop dure envers lui... – « Non, mais j'ai appris que Jens avait été fiancé déjà avec une jeune fille avec qui il ne se serait pas du tout bien conduit. » – ...Qu'est-ce que vous me dites, qui aurait cru que Jens fût un tel mauvais garçon... ah oui! ces gars de la Garde... ces gars de la Garde, il faut se méfier d'eux... Vous avez fort bien fait, une fille comme vous est bien trop bonne pour être le jouet de n'importe qui... Vous ferez sûrement un meilleur parti, je vous le garantis. – Comment va Mademoiselle Juliane? Il y a longtemps que je ne l'ai vue. Ma belle Marie pourrait peut-être m'obliger en me donnant un petit renseignement... quand on n'a pas été soi-même heureuse en amour, il n'y a pas de raison pour être indifférent vis-à-vis des autres... Il y a tant de gens ici... je n'ose pas vous en parler, j'ai peur que quelqu'un ne me guette. – Ecoutez un instant seulement, ma belle Marie... Voici l'endroit, dans cette allée ombragée où les arbres s'entrelacent pour nous cacher, ici où nous ne voyons personne et où nous n'entendons voix humaine, mais seulement un faible écho de la musique... ici j'oserai vous parler de mon secret... n'est-ce pas, si Jens n'avait été un mauvais sujet, tu te serais promenée ici avec lui, bras dessus bras dessous, tu aurais écouté la belle musique et joui toi-même d'une autre plus belle encore... mais pourquoi si émue, – oublie Jens... tu veux donc être injuste envers moi... c'est pour te rencontrer que je suis ici... pour te voir que je fréquentais la maison du Conseiller... Tu l'as remarqué?... chaque fois que je pouvais le faire, j'allais toujours à la porte de la cuisine... tu dois être à moi... les bans seront publiés en chaire... demain soir je t'expliquerai tout... je monterai l'escalier de service, la porte à gauche, juste en face de la porte de la cuisine... Au revoir, ma belle Marie... ne laisse soupçonner à personne que tu m'as vu ici, que je t'ai parlé, tu sais mon secret. – Elle est réellement délicieuse, on pourrait en tirer quelque chose. – Une fois que j'ai pris pied dans sa chambre, je publierai moi-même les bans en chaire. J'ai toujours essayé de perfectionner la belle αὐτάρχεια des Grecs et surtout de me passer d'un pasteur.

Si c'était possible j'aimerais bien être derrière Cordélia quand elle reçoit une lettre de moi. Il me serait alors facile de vérifier à quel point elle parvient à la comprendre du point de vue strictement érotique. Les lettres, après tout, sont et seront toujours un moyen hors de prix pour faire impression sur une jeune fille; les mots écrits ont souvent une influence beaucoup plus grande que le verbe vivant. Une lettre est une communication pleine de mystère; on commande la situation, on ne ressent pas la contrainte d'un tiers présent, et je crois qu'une jeune fille préfère être toute seule avec son idéal, à certaines heures tout au moins, à celles justement où l'idéal a le plus de force en elle. Même si son idéal a trouvé son expression tant soit peu complète dans un objet précis et aimé, il y a pourtant des moments où l'idéal lui fait sentir l'effet de quelque chose d'excessif que ne connaît pas la réalité. Et elle a droit à ces grandes fêtes d'expiation; seulement il faut veiller à s'en servir correctement, pour qu'à son retour à la réalité elle n'en revienne pas épuisée, mais fortifiée. C'est à quoi aident les lettres qui font que, bien qu'invisible, on est spirituellement présent à ces instants saints de l'initiation, tandis que l'idée que le réel personnage est l'auteur de la lettre forme une transition naturelle et facile à la réalité.

Pourrais-je être jaloux de Cordélia? Mort et damnation, oui! Quoique en un autre sens, non! Car si – même vainqueur dans ma lutte contre un autre – je trouvais que sa nature en est troublée, ne reste pas ce que je souhaite – je renoncerais à elle.

Un vieux philosophe a dit que si on note exactement ce qui vous arrive dans la vie, on devient, sans s'en douter, philosophe. Depuis assez longtemps je fréquente la communauté des fiancés, et il faut tout de même que cela aboutisse à quelque chose. J'ai donc eu l'idée d'accumuler des matériaux pour un ouvrage intitulé : Contribution à la théorie du baiser, dédié à tous les tendres amoureux. Il est d'ailleurs curieux que rien n'existe encore à ce sujet. Et si j'y réussis, j'aurai par conséquent suppléé à un besoin longuement senti. Cette lacune dans la littérature serait-elle due au fait que les philosophes ne pensent pas à ces choses-là, ou est-ce qu'ils ne s'y entendent point? – Je suis déjà à même de donner quelques indications. Un baiser complet veut que ce soient une jeune fille et un homme qui agissent. Un baiser entre hommes est de mauvais goût ou, ce qui est pire, il a une saveur désagréable. – Ensuite je pense qu'un baiser est plus proche de son idée quand c'est un homme qui le donne à la jeune fille qu'inversement. Là où avec les années une indifférence à cet égard s'est produite, le baiser a perdu son sens. C'est le cas du baiser conjugal d'intérieur avec lequel les époux, faute de serviette, s'essuyent réciproquement la bouche en disant : grand bien vous fasse! Si la différence d'âge est très grande, aucune idée ne justifie le baiser. Je me rappelle une école provinciale de jeunes filles où celles de la dernière classe avaient dans leur terminologie l'expression : « Embrasser le Conseiller de justice », expression qui se reliait dans leur esprit à une idée rien moins qu'agréable. L'origine en était la suivante : la maîtresse de l'école avait un beau-frère habitant chez elle, il avait été Conseiller de justice, était âgé et prenait la liberté, en vertu de son âge, d'embrasser les jeunes filles. – Le baiser doit exprimer une passion précise. Quand un frère embrasse sa sœur jumelle, le baiser n'est pas un vrai baiser, pas plus qu'un baiser de fortune aux jeux de Noël ou un baiser dérobé. Un baiser est un acte symbolique, qui ne signifie rien si le sentiment qu'il doit marquer n'existe pas, et ce sentiment n'existe que dans des circonstances précises. – Si on désire s'essayer à classer les baisers, plusieurs principes se laissent concevoir. On peut les classer selon le bruit qu'ils produisent. Malheureusement la langue ne suffit pas à couvrir le terrain de mes observations à cet égard. Je crois que l'ensemble des langues du monde n'a pas un assortiment d'onomatopées suffisant pour marquer les différences que j'ai appris à connaître rien que dans la maison de mon oncle. Le baiser est tantôt bruyant comme un déclic, tantôt sifflant, il y en a qui claquent, qui tonnent, tantôt il est bien rempli, tantôt creux, tantôt de calicot, etc. – On peut classer le baiser d'après son contact, le baiser tangent, ou le baiser *en passant*[1] et le baiser cohérent. – On peut les classer d'après leur durée brève ou longue. Mais le temps peut donner encore une autre classification qui est au fond la seule qui m'ait plu. On distingue alors entre le premier baiser et tous les autres. La qualité visée ici est incommensurable avec ce qui survient lors des autres classifications, elle est indifférente au son, à l'attouchement et au temps en général. Le premier baiser est cependant qualitativement différent de tous les autres. Il n'y a que peu de gens qui y réfléchissent, et ce serait grand dommage qu'il n'y eût pas quelqu'un au moins pour y penser.

1. *En passant :* En français dans le texte.

Ma Cordélia!

*Une bonne réponse est comme un doux baiser,
dit Salomon. Tu connais ma curiosité; on m'en
fait presque un reproche. C'est parce qu'on ne
comprend pas le sujet sur lequel je pose mes
questions; car toi et toi seule tu le comprends, toi
et toi seule tu sais donner une bonne réponse;
car une bonne réponse est comme un doux
baiser, dit Salomon.*

Ton JOHANNES.

L'érotisme spirituel se distingue de l'érotisme physique. Jusqu'ici c'est surtout l'érotisme spirituel que j'ai essayé de développer
chez Cordélia. Ma présence personnelle doit
maintenant se transformer et ne plus être
seulement un état d'âme d'accompagnement,
elle doit être une tentation. J'ai continué ces
jours-ci à m'y préparer en lisant le passage
bien connu de Phèdre qui traite de l'amour. Il
a électrisé tout mon être, et c'est un superbe
prélude. Que Platon s'est donc réellement
entendu en érostisme!

Ma Cordélia!

Un latiniste dit d'un disciple attentif qu'il est suspendu aux lèvres du maître. Pour l'amour tout est image et, en retour, l'image est réalité. Ne suis-je pas un disciple assidu et attentif? Mais tu ne dis rien du tout.

Ton JOHANNES.

Si quelqu'un d'autre que moi dirigeait ce développement, il serait sans doute trop malin pour se laisser manœuvrer. Si j'allais consulter parmi les fiancés quelqu'un de bien initié, il me dirait je suppose, en y mettant un beau tour d'audace érotique : C'est en vain que je cherche dans ces positions de l'amour la figure nodale où les amants causent ensemble de leur affection. Je lui répondrais : Tant mieux si tu la cherches en vain, car cette figure n'appartient pas du tout à l'extension réelle de l'érotisme, même pas si on y introduit ce qui est intéressant. L'amour est trop substantiel pour se suffire de bavardages, et les situations érotiques sont trop graves pour en être remplies. Elles sont silencieuses, calmes, elles ont des contours nettement tracés, et pourtant elles sont éloquentes comme la musique du colosse de Memnon. Eros gesticule, il ne parle pas ou, s'il le fait, il s'agit d'allusions mystérieuses, d'une musique imagée. Les situations érotiques sont toujours, ou plastiques ou picturales; mais si deux amants parlent ensemble de leur affection, ce n'est ni plastique ni pictural. Pourtant les fiancés sérieux commencent toujours par de tels palabres qui constitueront aussi plus tard le lien d'union de leur ménage bavard. Mais ils seront également la cause initiale et la promesse du fait qu'il ne manquera pas à leur mariage la dot dont parle Ovide : *dos est uxoria lites*. – Aussi suffit-il, s'il faut qu'on parle, qu'il n'y en ait qu'un qui le fasse. C'est l'homme qui doit parler et, par conséquent, posséder quelques-unes des forces de la ceinture dont Vénus se servait pour charmer : la conversation et la douce flatterie, ou pour mieux dire, l'insinuante flatterie. – Il ne s'ensuit nullement qu'Eros soit muet, ni qu'érotiquement il soit incorrect de faire de la conversation, mais que celle-ci doit elle-même être érotique et non pas se perdre dans des considérations édifiantes sur des perspectives d'avenir, etc., et aussi qu'elle doit au fond être considérée comme un repos de l'action érotique, comme un passe-temps, et non pas comme le bien suprême. Une telle conversation, une telle *confabulatio* est en son essence tout à fait divine, et je ne me lasserai jamais de causer avec une jeune fille. Entendons-nous, je peux bien me lasser d'une jeune fille en particulier, mais jamais de causer avec une jeune fille. Ce serait pour moi une impossibilité aussi grande que de me lasser de respirer. Ce qui au fond est le propre d'une telle causerie est l'épanouissement végétatif de la conversation. Celle-ci reste peu élevée, sans objet véritable, le hasard la dirige – mais son nom à elle et celui de ses fruits est : mille-joies, ou pâquerettes.

Ma Cordélia!

« Ma » Cordélia – « ton » Johannes, ces mots enferment le pauvre contenu de mes lettres comme une parenthèse. As-tu remarqué que la distance entre les signes de cette parenthèse se rétrécit? Oh! ma Cordélia! Il est pourtant beau que plus le contenu s'amoindrit, plus la parenthèse gagne en signification.

Ton JOHANNES.

Ma Cordélia!

L'étreinte, est-elle une lutte?

Ton JOHANNES.

En général Cordélia garde le silence et j'y ai toujours été sensible. Elle a une nature féminine trop profonde pour vous fatiguer avec des hiatus, cette figure de rhétorique caractéristique surtout des femmes, et qui est inévitable quand l'homme, qui doit fournir la consonne d'appui précédente ou suivante, est de nature féminine aussi. Parfois, cependant, une brève remarque trahit tout ce qu'elle a dans l'âme. Alors je lui prête la main. C'est comme si, derrière quelqu'un qui d'une main mal assurée esquisse quelques traits d'un dessin, se trouvait quelqu'un d'autre qui ne cesse d'en faire sortir quelque chose d'audacieux et d'arrondi. Elle-même en est surprise, mais on dirait que tout vient d'elle. C'est pourquoi je veille sur elle, sur toutes ses remarques forfuites, sur tout mot jeté au passage, et en les lui rendant j'en ai toujours fait quelque chose de plus significatif, dont elle connaît le sens en ne le connaissant pas.

Aujourd'hui nous étions à un dîner. Nous n'avions pas échangé une parole. En nous levant de table le domestique entra prévenir Cordélia qu'un messager désirait lui parler. C'était moi qui l'avais envoyé, porteur d'une lettre contenant des allusions à un propos que j'avais tenu à table. J'avais su l'emmêler dans la conversation générale de façon que Cordélia dût nécessairement l'entendre bien qu'assise loin de moi, et se méprendre sur le sens. Ma lettre était calculée là-dessus. Si je n'avais pas réussi à donner à la conversation à table le tour voulu, je me serais bien arrangé à être présent juste au moment où la lettre arrivait pour la confisquer. Elle rentra au salon et dut mentir un peu. Ce sont ces choses-là qui cimentent le mystère érotique, sans lequel elle ne pourrait pas suivre le chemin tracé pour elle.

Ma Cordélia!

Sais-tu que celui qui repose sa tête sur la Colline aux elfes en rêve voie l'image de la sylphide? Je ne le sais pas, mais je sais qu'en reposant ma tête sur ta poitrine sans fermer les yeux et en jetant un regard au-dessus, je vois le visage d'un ange. Crois-tu que celui qui appuie sa tête sur la colline aux elfes puisse rester tranquille? Je ne le crois pas, mais je sais qu'en penchant ma tête sur ton sein, celui-ci s'agite trop pour permettre au sommeil de descendre sur mes yeux.

Ton JOHANNES.

Jacta est alea. C'est le moment ou jamais de le faire. J'étais aujourd'hui chez elle, tout ravi à la pensée d'une idée qui m'absorbait. Je n'avais ni yeux ni oreilles pour elle. L'idée en elle-même était intéressante et la captiva. Aussi c'eût été une faute d'engager la nouvelle opération en témoignant de la froideur en sa présence. Après mon départ, et lorsque la pensée ne l'occupera plus, elle découvrira sans difficulté que je n'étais pas le même qu'autrefois. Le fait que c'est dans sa solitude qu'elle découvre le changement rendra cette découverte d'autant plus pénible pour elle, l'effet en sera plus lent mais d'autant plus pénétrant. Elle ne pourra pas tout de suite s'emporter, et quand viendra plus tard l'occasion, elle aura déjà combiné tant de choses qu'elle ne pourra tout exprimer d'un coup, et elle conservera toujours un résidu de doute. L'inquiétude augmentera, les lettres n'arriveront plus, l'aliment érotique sera diminué, l'amour sera raillé comme ridicule. Elle tiendra peut-être quelque temps encore, mais à la longue elle ne pourra pas le supporter. Elle voudra alors me charmer par les mêmes moyens que ceux dont je me suis servi contre elle, c'est-à-dire par l'érotisme.

Sur les ruptures de fiançailles toutes les fillettes sont de grands casuistes, et quoique dans les écoles il n'y ait pas de cours là-dessus, elles savent toutes parfaitement, lorsque la question se pose, dans quel cas elles doivent avoir lieu. En somme, ce sujet devrait régulièrement être proposé aux examens de la dernière classe; et bien que d'ordinaire les dissertations qui viennent des écoles de jeunes filles soient très monotones, je suis sûr qu'ici la variété ne manquerait pas, puisque le problème lui-même offre un vaste champ à la sagacité d'une jeune fille. Et pourquoi ne pas donner à une jeune fille l'occasion de faire briller la sienne? ou de montrer justement qu'elle est mûre – pour les fiançailles? J'ai été autrefois mêlé à une situation qui m'intéressait beaucoup. Dans une famille où je venais parfois, un jour, les vieux étant sortis, les deux jeunes filles de la maison avaient réuni dans la matinée plusieurs amies pour prendre le café. Il y en avait huit en tout et toutes avaient entre seize et vingt ans. Elles ne s'attendaient probablement pas à une autre visite, et je pense que la domestique avait même reçu l'ordre de consigner la porte. J'entrai toutefois et j'eus bien l'impression d'une légère surprise. Dieu sait ce qui en somme fait l'objet de la discussion entre huit jeunes filles dans une de ces réunions solennelles et synodales. On trouve parfois aussi des femmes mariées dans de telles réunions; elles exposent alors de la théologie pastorale et s'occupent surtout de questions importantes : quand laisser aller seule une domestique au marché, est-il mieux d'avoir un compte chez le boucher ou de payer au comptant, est-il probable que la cuisinière ait un bon ami et comment se débarrasser de ce manège galant qui retarde la préparation des mets? – J'eus ma place dans cette belle bande. C'était au commencement du printemps et le soleil envoyait quelques rares rayons en message exprès de sa venue. Dans la pièce elle-même, tout était hivernal, et c'est justement pourquoi les rares rayons jouaient le beau rôle d'annonciateurs. Le café sur la table exhalait un doux parfum – et, enfin, les jeunes filles elles-mêmes étaient joyeuses, saines, florissantes et folâtres, car l'inquiétude s'était bientôt calmée et, après tout, qu'avaient-elles à craindre, ayant la force du nombre? – je réussis à attirer l'attention et la conversation sur les cas de rupture de fiançailles. Tandis que mes yeux s'égayaient en voltigeant d'une fleur à une autre dans ce cercle de jeunes filles et en se reposant tantôt sur une beauté tantôt sur une autre, mes oreilles s'en donnaient à cœur joie en écoutant la musique de leurs voix et en suivant attentivement, du profond de mon âme, ce qu'on disait. Une seule parole me suffisait souvent pour m'ouvrir une perspective sur le cœur de telle jeune fille et sur l'histoire de ce cœur. Que les voies de l'amour sont donc séduisantes et qu'il est intéressant de sonder jusqu'où une jeune fille en particulier peut aller! Je continuai à attiser le feu, l'esprit, les bons

mots et une objectivité esthétique contri-
buaient à rendre le contact plus libre et,
pourtant, la bienséance la plus stricte ne fut
jamais outrepassée. Tandis que nous plaisan-
tions ainsi dans les régions légères de la
conversation un risque sommeillait, un seul
mot eût suffi à jeter ces gentilles fillettes dans
un embarras fatal. Ce mot était en mon pouvoir. Elles ne comprenaient pas ce risque, ne
le soupçonnaient guère. Grâce au jeu facile de
la conversation il fut tout le temps réprimé,
exactement comme lorsque Schéhérazade recule la sentence de mort en continuant de
conter. – Tantôt je menais la conversation vers
les bornes de la mélancolie, tantôt je laissais
libre jeu à la folâtrerie; tantôt je les tentais à
une joute dialectique. Et quel sujet est bien
plus riche dans tous les sens, au fur et à
mesure qu'on l'envisage? J'y introduisais
continuellement de nouveaux thèmes. – Je
racontai le cas d'une jeune fille que la cruauté
des parents avait forcée à rompre ses fiançailles; ce malheureux conflit faillit leur tirer des
larmes. – Je rapportai l'histoire d'un homme
qui avait rompu ses fiançailles et donné deux
raisons : la jeune fille était trop grande et, en
lui faisant l'aveu de son amour il ne s'était pas
jeté à genoux devant elle. Quand je lui objec-
tais que ces raisons ne pouvaient vraiment pas
me paraître suffisantes, il répondait qu'elles
lui suffisaient justement pour obtenir ce qu'il
voulait; car personne n'y peut donner aucune

réponse sensée. – Je soumis à la délibération de l'assemblée un cas très difficile : une jeune fille avait rompu parce qu'elle était convaincue qu'elle et son fiancé n'étaient pas faits l'un pour l'autre. Le bien-aimé voulut la ramener à la raison en l'assurant de la force de son amour, mais elle répondit : ou bien nous sommes faits l'un pour l'autre, et une sympathie réelle existe, et alors tu reconnaîtras que nous ne nous convenons pas; ou bien nous ne nous convenons pas, et tu reconnaîtras alors que nous ne sommes pas faits l'un pour l'autre. C'était un vrai plaisir d'observer comment les jeunes filles se cassaient la tête pour comprendre ces propos mystérieux, et pourtant je remarquai fort bien qu'il y en avait une ou deux qui les comprenaient à merveille; car, en fait de rupture de fiançailles, toutes les jeunes filles sont des casuistes nées. – Oui, je crois vraiment qu'il me serait plus facile de disputer avec le Diable lui-même qu'avec une jeune fille sur les cas de rupture de fiançailles.

Aujourd'hui, j'étais chez elle. Tout de suite, aussi vite que la pensée, je détournai la conversation sur le sujet dont je l'avais entretenue hier, en tâchant à nouveau de la mettre en extase. « Il y avait une remarque que j'avais voulu déjà faire hier; je n'y ai songé qu'après mon départ! » J'y réussis. Tant que je suis chez elle, elle trouve plaisir à m'entendre; après mon départ elle remarque sans doute qu'elle est dupée, que je suis changé. C'est ainsi qu'on s'en tire. C'est une méthode sournoise, mais très appropriée, comme toutes les méthodes indirectes. Elle s'explique bien que les choses dont je l'entretiens puissent m'occuper, et même elles l'intéressent aussi sur le moment, et pourtant je la frustre du véritable érotisme.

Oderint, dum metuant, comme si la crainte et la haine étaient connexes, et la crainte et l'amour étrangers l'un à l'autre, comme si ce n'était pas la crainte qui rend l'amour intéressant? Qu'est-ce donc notre amour pour la nature? N'y entre-t-il pas un fond mystérieux d'angoisse et d'horreur parce que derrière sa belle harmonie on trouve de l'anarchie et un désordre effréné, derrière son assurance de la perfidie? Mais c'est justement cette angoisse qui charme le plus, et de même en ce qui concerne l'amour lorsqu'il doit être intéressant. Derrière lui doit couver la profonde nuit, pleine d'angoisse, d'où éclosent les fleurs de l'amour. C'est ainsi que la *nymphea alba*, avec sa croupe, repose sur la surface des eaux, tandis que l'angoisse s'empare de la pensée qui veut se plonger dans les profondes ténèbres où elle a sa racine. J'ai remarqué qu'en m'écrivant elle m'appelle toujours : « mon », mais qu'elle n'a pas le courage de me le dire. Aujourd'hui je lui en fis la prière de façon aussi insinuante et chaudement érotique que

216

possible. Elle commençait, mais un regard ironique, plus bref et plus rapide que le mot, suffit à l'en empêcher, en dépit de mes lèvres qui l'incitaient de tout leur pouvoir. C'est quelque chose de tout à fait normal.

Elle est à moi. Ce n'est pas pour le confier aux étoiles selon l'usage, et je ne vois vraiment pas en quoi cette nouvelle pourrait bien intéresser ces sphères lointaines. D'ailleurs je ne la confie à personne, pas même à Cordélia. Je réserve ce secret pour moi-même, et je me le chuchote intérieurement dans mes plus secrets entretiens avec moi-même. Sa tentative de résistance n'était que modérée, mais la puissance érotique qu'elle déploie est admirable. Que cet acharnement passionné la rend intéressante, qu'elle est grande, d'une grandeur presque surnaturelle! Et avec quelle facilité elle sait se dérober, avec quelle adresse elle sait s'insinuer partout où elle découvre un point faible. Elle met tout en train; mais dans ce concert des éléments je me trouve juste dans mon élément. Et pourtant, même dans cette agitation elle n'est nullement laide, ni déchirée par les émotions ou par les mobiles. Elle reste toujours une anadyomène, sauf qu'elle ne surgit pas dans une grâce naïve ou un calme non prévu, mais sous l'impulsion forte de l'amour, tout en étant harmonie et équilibre. Erotiquement elle est tout armée pour la lutte; elle y emploie les flèches des yeux, le froncement des sourcils, le front plein de mystère, l'éloquence de la gorge, les séductions fatales du sein, les supplications des lèvres, le sourire de ses joues, l'aspiration douce de tout son être. Il y a en elle la force, l'énergie d'une Valkyrie, mais cette plénitude de force érotique se tempère à son tour d'une certaine langueur tendre qui est comme exhalée sur elle. – Il ne faut pas qu'elle soit trop longtemps maintenue sur ce sommet, où seules l'angoisse et l'inquiétude peuvent la tenir debout et l'empêcher de s'effondrer. En face d'émotions si intenses elle sentira vite que l'état où la placent les fiançailles est trop étroit, trop gênant. C'est elle-même qui exercera la tentation qui m'entraînera à franchir les limites du général, et c'est ainsi qu'elle en prendra conscience, ce qui pour moi est l'essentiel.

Plusieurs de ses propos trahissent maintenant qu'elle en a assez de nos fiançailles. Ils ne m'échappent pas mais, dans mes explorations de son âme, ils m'aident à me fournir des renseignements utiles, ils sont les bouts de fil qui me serviront, dans mes projets, à resserrer les mailles autour d'elle.

Ma Cordélia!

Tu te plains de nos fiançailles, tu es d'avis que notre amour n'a pas besoin d'un lien extérieur, il n'est qu'une entrave. J'y reconnais d'emblée mon excellente Cordélia! Sincèrement, je t'admire. Notre union extérieure n'est en fait qu'une séparation. Il y a encore une cloison mitoyenne qui nous sépare comme Pyrame et Thisbé : la connivence gênante des autres. La liberté ne se trouve que dans la contradiction. L'amour n'a son importance que lorsque aucun tiers ne s'en doute, et c'est alors seulement que l'amour trouve son bonheur, quand tous les tiers pensent que les amants se haïssent l'un l'autre.

Ton JOHANNES.

Bientôt nos fiançailles vont se rompre. C'est elle-même qui dénouera ce lien afin, si possible, par là de me charmer encore plus, comme les boucles au vent charment plus que les cheveux coiffés. Si la rupture venait de moi, je manquerais le spectacle si séduisant de ce saut érotique périlleux, critère sûr de sa hardiesse d'âme. C'est pour moi l'essentiel. En outre, pareil événement entraînerait pour moi beaucoup de suites désagréables de la part d'autrui. Bien qu'à tort, je serais mal vu, haï, abhorré; car quelle aubaine ne serait-ce pour beaucoup? Mainte petite demoiselle serait bien toujours assez contente, à défaut d'être fiancée, d'avoir failli l'être. C'est tout de même mieux que rien, quoique, sincèrement selon mon avis, très peu, car après s'être poussée en avant pour s'assurer une place sur la liste des expectants, l'expectance s'évanouira justement, et plus on avance sur la liste, plus on pousse en avant, moins les chances s'affermissent. Car en amour le principe de l'ancienneté ne compte pas pour l'avancement et la promotion. De plus, de telles petites demoiselles s'ennuient de rester dans le *statu quo*, elles ont besoin d'un événement qui remue leur vie. Mais rien n'égale alors celui d'un amour malheureux, surtout si par-dessus le marché on peut prendre toute l'affaire à la légère. On fait accroire alors à soi-même et à son prochain qu'on est parmi les victimes, et puisqu'on n'est pas qualifiée pour être admise dans un refuge de filles repenties, on se loge à côté chez les pleurnicheurs. Et on se met donc en devoir de me haïr. A elles s'adjoint encore un bataillon de celles qui ont été dupées, à fond, à demi ou aux trois quarts. Sous ce rapport on en trouve de beaucoup de degrés, de celles qui peuvent se prévaloir d'une alliance au doigt à celles qui ne s'appuient que sur un serrement de main dans une contredanse. Cette nouvelle douleur rouvre leurs blessures. J'accepte leur haine comme une gratification supplémentaire. Mais toutes ces porteuses de haine sont naturellement autant de postulantes secrètes à mon pauvre cœur. Un roi sans royaume est une figure ridicule, mais une guerre entre prétendants à la succession dans un royaume sans territoire l'emporte sur tous les ridicules. Le beau sexe devrait vraiment m'aimer ainsi et me ménager comme un mont-de-piété. Un fiancé authentique, lui, ne peut s'occuper que d'une seule, mais dans une éventualité aussi compliquée on peut bien se charger, c'est-à-dire plus ou moins, d'autant qu'on veut. Je serai dispensé de toutes ces tracasseries péremptoires et j'aurai de plus l'avantage de pouvoir ouvertement jouer un rôle tout nouveau. Les jeunes filles me plaindront, auront de la pitié et des soupirs pour moi, j'adopterai la même tonalité exacte, et voilà encore une façon d'en racoler.

Que c'est curieux, j'aperçois hélas que j'aurai moi-même le signe dénonciateur qu'Horace souhaite à toutes jeunes filles infidèles : une dent noire, et pour comble, une incisive. Comme on peut être superstitieux! Cette dent me trouble assez, je n'aime pas beaucoup qu'on y fasse allusion, c'est une de mes faiblesses. Tandis qu'autrement je suis armé de pied en cap, le plus grand imbécile, en touchant à cette dent, peut me porter des coups beaucoup plus profonds qu'il ne croit. Je fais en

vain tout ce que je peux pour la blanchir, et je
dis comme Palnatoke :

> *Jeg gnider den ved Dag, ved Nat,*
> *Men ei jeg sletter ud den sorte Skygge.*

Que la vie donc est remplie de mystères.
Une petite chose peut me troubler plus que
l'attaque la plus dangereuse, que la situation
la plus pénible. Je veux me la faire arracher,
mais c'est altérer mon organe et sa puissance.
Et pourtant, je le ferai et la ferai remplacer
par une fausse; car elle sera bien fausse pour
le monde, mais la dent noire est fausse pour
moi.

Cordélia s'offusque des fiançailles – voilà
qui est excellent! Le mariage sera toujours
une institution respectable, malgré l'ennui de
jouir, dès ses premiers jours de jeunesse,
d'une partie de la respectabilité qui est l'apa-
nage de la vieillesse. Les fiançailles par contre
sont d'invention vraiment humaine et, en
conséquence, tellement importantes et ridicules qu'une jeune fille, dans le tourbillonne-
ment de la passion, passe outre, tout en ayant
conscience de cette importance et en sentant
l'énergie de son âme circuler par tout son être
comme un sang supérieur. Ce qui importe
maintenant est de la diriger de sorte que dans
son envol hardi, elle perde de vue le mariage
et, d'une manière générale, le sol ferme de la
réalité, que son âme, dans sa fierté autant que

dans sa crainte de me perdre, anéantisse cette forme humaine imparfaite, afin de se hâter vers quelque chose de supérieur à ce qui est commun au genre humain. D'ailleurs, je n'ai rien à craindre à cet égard, car elle plane déjà au-dessus de la vie avec une telle légèreté que la réalité est déjà perdue de vue en grande partie. En outre, je suis continuellement présent à bord avec elle, et je peux toujours déployer les voiles.

La femme, éternellement riche de nature, est une source intarissable pour mes réflexions, pour mes observations. Celui qui n'éprouve pas le besoin de ce genre d'études peut bien s'enorgueillir d'être ce qu'il voudra dans ce monde, sauf d'une chose : il n'est pas un esthéticien. La splendeur, le divin de l'esthétique est justement de ne s'attaquer qu'à ce qui est beau; pour le fond elle n'a à s'occuper que des belles lettres et du beau sexe. Je peux me réjouir et réjouir mon cœur en imaginant le soleil de la féminité rayonnant dans sa plénitude infinie, s'éparpillant en une tour de Babel, où chacune en particulier possède une petite parcelle de la richesse entière de la féminité, mais de sorte qu'elle en fait le centre harmonieux du reste de son être. En ce sens la beauté féminine est divisible à l'infini. Mais chaque parcelle de beauté doit être mesurée dans son harmonie, sinon un effet troublant en résulterait et on arriverait à la conclusion que la nature n'a pas réalisé tout ce qu'elle avait en vue en s'occupant de telle jeune fille. Mes yeux ne se lassent jamais d'effleurer du regard ces richesses externes, ces émanations propagées par la beauté féminine. Chaque élément en particulier en possède une petite parcelle, tout en étant complet en soi-même, heureux, joyeux, beau. Chacune a le sien : le gai sourire; le regard espiègle; les yeux brûlants de désir; la tête boudeuse; l'esprit folâtre; la douce mélancolie; l'intuition profonde; l'humeur sombre et fatidique; la nostalgie terrestre; les émotions non avouées; les sourcils qui parlent; les lèvres interrogatives; le front plein de mystère; les boucles séduisantes; les cils qui cachent le regard; la fierté divine; la chasteté terrestre; la pureté angélique; la rougeur insondable; les pas légers; le balancement gracieux; la tenue langoureuse; la rêverie pleine d'impatience; les soupirs inexpliqués; la taille svelte; les formes douces; la gorge opulente; les hanches bien cambrées; le petit pied; la main mignonne. – Chacune a le sien, et l'une a ce que l'autre ne possède pas. Et quand j'ai vu et revu, contemplé et contemplé encore les richesses de ce monde, quand j'ai souri, soupiré, flatté, menacé, désiré, tenté, ri, pleuré, espéré, gagné, perdu – je ferme l'éventail, et ce qui était épars se rassemble en une seule chose, les parties se rassemblent en un ensemble. Mon âme alors se réjouit, mon cœur se met à battre et la passion s'enflamme. C'est cette jeune fille-là, la seule dans le monde entier, qui doit être à moi et qui le sera. Que Dieu garde le ciel, si moi je peux garder celle-là. Je sais bien que ce que je choisis est si grand que le ciel même ne trouvera pas son compte dans ce partage, car que restera-t-il pour le ciel si je la garde pour moi? Les croyants – ces bons musulmans – seraient déçus d'étreindre dans leur Paradis des ombres blêmes et dénuées de force, car ils n'y trouveraient pas des cœurs ardents, puisque l'ardeur de tous les cœurs serait concentrée en elle; inconsolables, ils désespéreraient en ne trouvant que des lèvres pâles, des yeux éteints, des gorges insensibles et des serrements de main dénués de conviction, car toute la rougeur des lèvres et le feu du regard et l'inquiétude de la gorge et la promesse des mains et le pressentiment des soupirs et la sanction des baisers et le frisson du contact et la passion de l'étreinte – tout – tout serait réuni en elle, qui me prodiguerait tout ce qui aurait suffi à tout un monde ici-bas et là-haut. Telles sont les pensées que j'ai eues souvent dans cette matière, mais chaque fois que j'y pense ainsi, je m'échauffe, parce que je me l'imagine ardente. Bien qu'en général l'ardeur passe pour un bon signe, il ne s'ensuit cependant pas qu'on attribuera à ma manière de voir le prédicat honorable de solide. Aussi, pour faire diversion, je veux maintenant, moi-même froid, l'imaginer froide. J'essaierai de

225

penser la femme sous une catégorie, mais sous laquelle? sous celle de l'apparence. Mais il ne faut pas l'entendre en mauvaise part, comme si, destinée pour moi, elle l'était en même temps à un autre. Ici, comme dans tout raisonnement abstrait, il ne faut tenir aucun compte de l'expérience, car celle-ci, dans le cas présent, serait pour ou contre moi d'assez curieuse façon. Ici comme partout ailleurs l'expérience est une personne étrange, car elle a ceci de particulier d'être toujours pour, aussi bien que contre. La femme est donc apparence. Mais ici encore il ne faut pas se laisser troubler par la leçon de l'expérience, qui veut qu'on ne rencontre que rarement une femme qui soit vraiment apparence, car il y en a généralement un très grand nombre qui ne sont rien du tout, ni pour elles-mêmes, ni pour d'autres. D'ailleurs, ce destin, elles le partagent avec toute la nature et, en somme, avec tout ce qui est féminin. Toute la nature n'est ainsi qu'apparence, non pas au sens téléologique où un de ses éléments particuliers le serait pour un autre élément particulier, mais toute la nature est apparence – pour l'esprit. Et la même chose en ce qui concerne les éléments particuliers. La vie de la plante, par exemple, déploie tout naïvement ses grâces cachées et n'est qu'apparence. De même une énigme, une charade, un secret, une voyelle, etc. ne sont que des apparences. C'est ce qui explique aussi que Dieu en créant Eve ait fait choir un sommeil profond sur Adam; car la femme est le rêve de l'homme. Cette histoire nous apprend d'une autre manière aussi que la femme est apparence. Car il y est dit que Jahvé ôta à l'homme une de ses côtes. Eût-il par exemple ôté une partie du cerveau de l'homme, la femme eût bien continué à être apparence, mais le but de Jahvé n'était pas d'en faire une chimère. Elle devint chair et sang, et en raison de cela elle tomba justement sous la détermination de la nature, qui est essentiellement apparence. Elle ne s'éveille qu'au contact de l'amour, et avant ce temps elle n'est que rêve. Mais dans cette existence de rêve, on peut distinguer deux stades : d'abord l'amour rêve d'elle, puis elle rêve de l'amour.

En tant qu'apparence la femme est marquée par la virginité pure. Car la virginité est une existence qui, en tant qu'existence pour soi, est au fond une abstraction et ne se révèle qu'en apparence. Abstraction aussi, l'innocence féminie, et c'est pourquoi on peut dire que la femme dans cet état est invisible. Il n'y avait d'ailleurs pas, comme on le sait, d'image de Vesta, la déesse qui notamment représenta la vraie virginité. Car cette existence est esthétiquement jalouse d'elle-même, comme Jahvé l'était éthiquement et ne veut pas qu'il existe une image d'elle ni même une représentation quelconque. Il y a là une contradiction; ce qui est apparence n'existe pas et ne devient visible qu'en devenant apparent. Logiquement cette contradiction est tout à fait dans l'ordre, et celui qui sait penser logiquement n'en sera pas gêné, mais s'en réjouira. Par contre, un esprit illogique s'imaginera que ce qui est apparence existe au sens fini, comme on peut le dire d'une chose particulière qui existe pour moi.

Cette existence de la femme (existence en dit déjà trop, car elle n'existe pas « ex » elle-même) est correctement exprimée par le mot : grâce, qui rappelle la vie végétative; elle ressemble à une fleur, comme les poètes aiment à le dire, et même la spiritualité a en elle un caractère végétatif. Elle se trouve tout à fait sous la détermination de la nature et n'est, par conséquent, qu'esthétiquement libre. En un sens plus profond elle ne devient libre que par l'homme, et c'est pourquoi l'homme demande sa main et on dit qu'il la délivre. S'il ne se trompe pas d'adresse on ne saurait pas parler d'un choix. Certes, la femme choisit, mais si son choix était le résultat de longues réflexions, il ne serait pas féminin. Et c'est pourquoi il est déshonorant d'être éconduit, parce que l'homme en question s'est sures-timé, il a voulu délivrer une femme sans en être capable. – Une profonde ironie s'y révèle. L'apparence prend l'aspect d'être ce qui pré-domine : l'homme demande, la femme choisit. D'après le concept qu'on se fait d'eux, la femme est la vaincue, l'homme le vainqueur et, cependant, le vainqueur s'incline devant ce qui a été vaincu; et c'est même tout naturel et il n'appartient qu'à la grossièreté, à la stupidité et à l'insuffisance du sens érotique de ne pas tenir compte de ce qui résulte ainsi du contexte. On trouve aussi une raison plus profonde de cela. Car la femme est substance, l'homme est réflexion. C'est pourquoi elle ne choisit pas sans plus, mais l'homme demande, elle choisit. Mais l'homme en demandant ne fait que poser une question, et le choix qu'elle fait n'y est en fait qu'une réponse. En un sens, l'homme est plus que la femme, en un autre infiniment moins.

Cette apparencec est la pure virginité. Si elle essaie de se mettre elle-même en rapport avec une autre existence, qui est existence pour elle, le contraste apparaîtra dans la pruderie absolue, mais ce contraste montre en outre que la véritable existence de la femme est apparence. Le constraste diamétralement opposé à l'abandon absolu de soi-même est la pruderie absolue, qui en sens inverse est invisible, comme l'abstraction, contre laquelle tout se casse, sans qu'elle-même prenne vie. La féminité assume alors le caractère de la cruauté abstraite, qui est le sommet caricatural de la vraie pruderie virginale. Un homme ne peut jamais être aussi cruel qu'une femme. Les mythologies, les contes, les légendes le confirmeront si on les consulte. S'il faut donner un exemple d'un principe naturel qui ne connaît pas de limites à sa rigueur impitoyable, on le trouvera dans un être virginal. On frémit en lisant l'histoire d'une jeune fille qui froidement laisse ses prétendants risquer leur vie, comme il est dit souvent dans toutes les légendes populaires. Un Barbe-Bleue tue la nuit même de ses noces toutes les jeunes filles qu'il a aimées, mais il ne prend pas plaisir à les tuer, au contraire, le plaisir a été pris d'avance, ce qui constitue la manifestation matérielle : ce n'est pas une cruauté pour la cruauté. Un Don Juan les séduit et les lâche, mais tout son plaisir est de les séduire et non pas de les lâcher; il ne s'agit donc pas du tout de cette cruauté abstraite.

Plus j'y réfléchis plus je m'aperçois de la complète harmonie qui existe entre ma pratique et ma théorie. Car dans ma pratique j'ai toujours eu la conviction qu'essentiellement la femme n'est qu'apparence. C'est pourquoi à cet égard l'instant a une importance capitale, car une apparence est toujours son affaire. Un temps plus ou moins long peut s'écouler avant que l'instant arrive, mais, aussitôt arrrivé, ce qui primitivement était apparence affecte une existence relative, et du même coup tout est fini. Je sais bien que les maris disent parfois qu'en un autre sens aussi la femme est apparence : elle est tout pour eux pendant toute la vie. Enfin, il faut le leur pardonner à ces maris, car au fond n'est-ce pas quelque chose qu'ils désirent se faire accroire l'un à l'autre?

Dans ce monde, toute profession a généralement certaines coutumes conventionnelles et surtout certains mensonges de convention, parmi lesquels il faut compter cette grosse bourde. S'entendre à l'instant n'est pas une chose aisée, et celui qui y échoue aura naturellement un tel ennui à traîner avec lui pendant toute la vie. L'instant est tout et, dans l'instant, la femme est tout, – mais les conséquences dépassent mon intelligence. Entre autres celle aussi d'avoir des enfants. Enfin, je me crois un penseur assez logique, mais même fou, je ne serais pas homme à penser cette conséquence-là, je ne la comprends pas du tout, il y faut un mari.

Hier, Cordélia et moi avons été voir une famille à la campagne. On est surtout resté au jardin où on passait le temps à toutes sortes d'exercices physiques, entre autres à jouer aux grâces. Je profitai de l'occasion où un partenaire de Cordélia l'avait quittée pour le remplacer. Quels charmes elle déployait, l'effort embellissant du jeu la rendait plus séduisante encore! Quelle harmonie pleine de grâce dans les mouvements si inconséquents! Quelle légèreté, – on dirait qu'elle dansait sur les prés! Malgré l'absence de toute résistance – quelle vigueur à s'y méprendre, jusqu'à ce que l'équilibre explique tout, un dithyrambe dans l'attitude, et quelle provocation dans son regard! Le jeu même avait un intérêt naturel pour moi, mais Cordélia n'y semblait pas prêter attention. Une allusion que je fis à l'une des personnes présentes sur le bel usage d'échanger des anneaux tomba comme un éclair dans son âme. Dès ce moment une lumière spéciale illumina toute la situation, l'imprégnant d'une signification plus profonde, et une énergie accrue échauffa Cordélia. Je retins les deux anneaux sur ma baguette, m'arrêtai un instant et échangeai quelques mots avec les gens qui nous entouraient. Elle comprit cette pause. Je lui relançai les anneaux. Peu après elle les saisit tous deux sur sa baguette. Comme par inadvertance, elle les jeta d'un coup verticalement en l'air, et il me fut naturellement impossible de les rattraper. Elle accompagna ce jet d'un regard plein d'une audace inouïe. On raconte qu'un soldat français qui faisait la campagne de Russie fut amputé d'une jambe gangrenée. A l'instant même où cette opération pénible fut terminée, il saisit la jambe par le pied et la jeta en l'air en s'écriant : *Vive l'Empereur*[1]! Ce fut avec un même regard qu'elle aussi, plus belle que jamais, lança les deux anneaux en l'air, en disant tout bas : Vive l'amour! Je jugeai cependant imprudent de la laisser s'emballer dans cette disposition et de la laisser seule en présence d'elle, de peur de la fatigue qui si souvent en résulte. Je restai donc tout calme, et grâce à la présence des autres, je la forçai à continuer le jeu

1. *Vive l'Empereur* : En français dans le texte.

comme si je n'avais rien remarqué. Une telle conduite ne peut qu'accroître son élasticité.

Si de nos jours on pouvait espérer trouver un peu de sympathie pour ces sortes d'enquêtes, j'offrirais un prix pour la meilleure réponse à la question suivante : au point de vue esthétique, qui est la plus pudique, une jeune fille ou une jeune femme, celle qui ne sait pas ou celle qui sait, et à laquelle des deux peut-on accorder le plus de liberté? Mais ces questions-là ne préoccupent pas notre époque sérieuse. Une telle enquête aurait attiré l'attention générale en Grèce, tout l'Etat serait entré en branle et surtout les jeunes filles et les jeunes femmes. On ne le croirait pas de nos jours, mais on ne croirait pas non plus l'histoire de la querelle bien connue entre deux jeunes filles grecques et l'enquête fort scrupuleuse à laquelle elle donna lieu; car en Grèce on ne traitait pas ces problèmes à la légère; et pourtant tout le monde sait que Vénus porte un surnom en raison de cette querelle et que l'image de Vénus qui l'a immortalisée est universellement admirée. La vie d'une femme a deux périodes intéressantes, sa toute première jeunesse et enfin après quand elle a beaucoup vieilli. Mais elle a aussi, il n'y a pas à dire, un moment où elle est plus charmante encore qu'une jeune fille, et où elle commande encore plus le respect; mais c'est un moment qui n'arrive que rarement dans la

233

vie, c'est une image visionnaire qui n'a pas besoin d'être vue et qu'on ne voit peut-être jamais. Je me la figure alors saine, florissante, aux formes épanouies, elle tient un enfant sur son bras, toute son attention s'y porte, elle est perdue dans sa contemplation. C'est une vision dont, il faut l'avouer, on ne trouvera pas la pareille pour la grâce, c'est un mythe de la nature qu'on ne doit contempler que du point de vue artistique, et non pas comme une réalité. Il n'y faut non plus d'autres figures ni d'entourage, qui n'y feraient que troubler la vision. Si par exemple, on se rend dans une église, on a bien souvent l'occasion de voir une mère paraître avec son enfant sur son bras. Mais ne serait-ce que l'inquiétant cri d'enfant et les pensées anxieuses des parents au sujet des perspectives d'avenir du petit, basées sur ce cri, l'entourage déjà nous dérange tellement que l'effet serait perdu, tout le reste fût-il parfait. On voit le père, ce qui est une grosse faute parce que cela supprime le mythe, l'enchantement, et on voit – *horrenda refero* – le chœur solennel des parrains, et on voit – mais rien du tout. Comme vision imaginaire il n'y a rien de plus charmant. Je ne manque ni de hardiesse, ni de cran, ni de témérité pour oser une attaque – mais si dans la réalité une telle vision apparaissait devant mes yeux, je serais désarmé.

Comme Cordélia me préoccupe! Et pourtant, la fin approche, mon âme demande toujours à être rajeunie. J'entends déjà comme un chant de coq au loin. Elle l'entend peut-être aussi, mais elle croit que c'est l'aube qu'il annonce. – Pourquoi une jeune fille est-elle si belle et pourquoi sa beauté est-elle de si courte durée? J'en pourrais devenir tout mélancolique et, cependant, au fond, cela ne me regarde pas. Jouissez, ne devisez pas. La plupart des gens qui font métier de telles réflexions ne jouissent pas du tout. Toutefois, le fait qu'une pensée naît à cet égard ne peut pas nuire; car cette mélancolie sans égoïsme et pour le compte d'autrui augmente généralement un peu la beauté masculine. Une mélancolie qui se dessine comme un nuage trompeur sur la force virile fait partie de l'érotisme masculin, et répond chez la femme à une certaine humeur noire. – Quand une jeune fille s'est donnée entièrement, c'est fini. Je m'approche encore toujours d'une jeune fille avec une certaine angoisse, mon cœur bat, parce que je sens l'éternel pouvoir de son être. Devant une jeune femme je n'y ai jamais pensé. Le peu de résistance qu'on essaie de faire à l'aide d'artifices n'est rien. C'est comme si on voulait dire que la coiffe d'une femme mariée en impose davantage que la tête nue de la jeune fille. C'est pourquoi Diane a toujours été mon idéal. Cette virginité intégrale, cette pruderie absolue m'ont toujours beaucoup occupé, mais en même temps je l'ai toujours tenue pour suspecte. Car j'ai l'impression qu'au fond elle n'a pas du tout mérité toutes les louanges qu'elle a récoltées pour sa virginité. Elle savait que son jeu dans la vie dépendait de sa virginité et, par conséquent, elle resta vierge. Dans quelque coin perdu de la philologie j'ai d'ailleurs entendu dire à mots couverts qu'elle avait une idée des douleurs d'enfantements épouvantables souffertes par sa mère. Elle en a été effrayée et je ne peux en blâmer Diane, car je dis comme Euripide : j'aimerais mieux faire trois guerres que d'accoucher une fois. A vrai dire je ne pourrais pas tomber amoureux d'elle, mais je donnerais gros, je l'avoue, pour causer avec elle, pour ce que j'appellerais une conversation probe. Elle devrait pouvoir se prêter justement à toutes les sortes de bouffonnerie. Ma bonne Diane, paraît-il, possède de façon ou d'autre des connaissances qui la rendent beaucoup moins naïve que Vénus même. Je ne tiens pas à la surprendre au bain, mais pas du tout, c'est avec mes questions que je l'épierai. Si, par ruse, j'obtenais un rendez-vous avec une jeune fille, en doutant du succès, je causerais d'abord avec elle afin de me préparer et de m'armer, et afin de mobiliser tous les esprits de l'érotisme.

Une question qui souvent a été l'objet de mes réflexions est de savoir quelle situation et quel instant peuvent bien être considérés comme offrant le plus de séduction. La réponse dépend naturellement de ce qu'on désire, de la manière de désirer et de votre développement. Je tiens pour le jour des noces et surtout pour un moment précis. Quand elle s'avance alors dans sa toilette de mariée et que toute cette splendeur pâlit pourtant devant sa beauté, et qu'elle-même pâlit à son tour, quand son sang cesse de couler et que sa gorge se repose, quand son regard reste incertain et que ses genoux se dérobent sous elle, quand la vierge tremble et que le fruit mûrit; quand le ciel la soulève et que la gravité de l'heure la fortifie, quand la promesse la porte, que la prière lui donne sa bénédiction et que la couronne de myrtes orne son front; quand le cœur tremble et que le regard se fixe sur le sol, quand elle se cache en elle-même et qu'elle n'appartient plus au monde afin de lui appartenir entièrement; quand la gorge se gonfle et que tout son corps pousse des soupirs, quand la voix fléchit, que les larmes brillent en tremblant avant l'explication de l'énigme, quand les flambeaux s'allument et que le marié attend – voilà l'instant venu! Bientôt ce sera trop tard. Il ne reste qu'un pas à faire, mais juste assez de temps pour faire un faux pas. Cet instant-là donne de l'importance même à la jeune fille la plus effacée, une petite Zerline même devient alors un objet. Tout y doit être concentré, les plus grands constrastes même doivent être réunis dans l'instant; s'il y manque quelque chose, surtout un des contrastes principaux, la situation perd immédiatement une part de sa force séductrice. On connaît bien cette taille-douce qui représente une pénitente d'une mine si jeune et si innocente qu'on est presque embarrassé, à cause d'elle aussi bien qu'à cause du confesseur, pour savoir ce qu'au fond elle peut bien avoir à confesser. Elle lève un peu son voile et regarde autour d'elle comme si elle cherchait quelque chose qu'elle pourrait peut-être plus tard trouver l'occasion de confesser et, bien entendu, c'est le moins qu'elle puisse faire – pour le confesseur. La situation présente assez de séduction, et comme elle est la seule figure dans la gravure, rien n'empêche de s'imaginer l'église, dans laquelle la scène se passe, si vaste que plusieurs prédicateurs, même très disparates, y pourraient bien prêcher à la fois. La situation présente assez de séduction et je n'objecterais pas à me laisser placer à l'arrière-plan, surtout si la petite y consent. Mais cette situation-là ne serait tout de même que de second ordre, car la fillette a bien l'air de n'être qu'une enfant, et bien du temps passera donc avant que l'instant arrive.

Ai-je été avec Cordélia constamment fidèle à mon pacte? c'est-à-dire à mon pacte avec l'esthétique, car c'est le fait d'avoir toujours l'idée de mon côté qui me donne de la force. C'est un secret comme celui des cheveux de Samson qu'aucune Dalila ne m'arrachera. Tromper tout bonnement une jeune fille, la persévérance m'en manquerait sûrement; mais savoir que l'idée y est engagée, que c'est en son service que j'agis, que c'est à elle que je dévoue mes forces, voilà qui me rend austère envers moi-même, et qui fait que je m'abstiens des plaisirs défendus. Ai-je toujours sauvegardé ce qui est intéressant? Oui, et j'ose bien le dire librement et ouvertement dans cet entretien intérieur. Les fiançailles elles-mêmes le constituaient justement parce qu'elles ne me procuraient pas ce qu'on entend communément par ce qui est intéressant. Elles le sauvegardaient justement parce que leur publicité était en contradiction avec la vie intérieure. Si nos liens avaient été secrets, il n'eût été intéressant qu'à la première puissance. Mais ici il s'agit de ce qui est intéressant à la seconde puissance, et c'est pourquoi c'est pour elle primordialement l'intéressant. Les fiançailles vont se rompre, mais c'est elle qui les rompt pour se lancer dans une sphère supérieure. Et elle a raison, car c'est la forme de ce qui est intéressant qui l'occupera le plus.

Le 16 septembre.

La rupture est un fait accompli; forte, hardie, divine, elle s'envole comme un oiseau auquel aujourd'hui seulement il a été permis de déployer son envergure. Vole, bel oiseau, vole! Je l'avoue, si ce vol royal l'éloignait de moi j'en aurais une douleur extrêmement profonde. Ce serait pour moi comme si la bien-aimée de Pygmalion s'était pétrifiée à nouveau. Je l'ai rendue légère, légère comme une pensée, et maintenant cette pensée ne m'appartiendrait plus? Ce serait à en désespérer. Un instant avant je ne m'en serais pas occupé, un instant plus tard ce me sera bien égal; mais maintenant – maintenant – cet instant qui pour moi est une éternité. Mais elle ne s'envole pas de moi. Vole donc, bel oiseau, vole – prends fièrement ton vol sur tes ailes, glisse à travers les tendres royaumes de l'air, tantôt je te rejoins, bientôt je me cache avec toi au fond de la solitude.

Cette rupture a un peu atterré la tante. Mais elle a l'esprit trop libre pour vouloir contraindre Cordélia, bien que, afin de mieux l'endormir, ainsi que pour mystifier Cordélia quelque peu, j'aie fait quelques essais pour l'intéresser à moi. Elle me montre d'ailleurs beaucoup de sympathie, elle ne se doute pas de toutes les raisons que j'ai pour pouvoir la prier de s'abstenir de toute sympathie.

240

La tante lui a permis de passer quelque temps à la campagne où elle doit rendre visite à une famille. Il est bon qu'elle ne puisse s'abandonner tout de suite à la disposition suraiguë de son esprit. Toutes les résistances du dehors maintiendront ainsi pour quelque temps encore son émotion. Je garde une faible communication avec elle à l'aide de lettres, et ainsi nos relations verdiront de nouveau. Maintenant coûte que coûte il faut la rendre forte, le mieux serait surtout de lui faire faire quelques embardées de mépris excentriques des gens et de la morale. Alors quand le jour de son départ sera arrivé, un garçon sûr se présentera comme cocher et, devant sa porte, mon valet, qui jouit de toute ma confiance, se joindra à eux. Il les accompagnera jusqu'au lieu de destination et restera près d'elle, à son service et, au besoin, pour l'assister. Après moi je ne connais personne plus propre à jouer ce rôle que Johan. J'ai moi-même tout arrangé là-bas avec autant de goût que possible. Rien n'y manque pour charmer son âme et pour la rassurer dans un bien-être fastueux.

Ma Cordélia!

Les cris d'alarme des différentes familles ne se sont pas encore réunis pour créer un désarroi général comme celui que causèrent les cris capitolins. Mais tu en as sans doute déjà dû endurer quelques solos. Imagine-toi toute cette assemblée d'efféminés et de commères, présidée par une dame, digne pendant de cet inoubliable président Lars dont parle Claudius, et tu auras une image, une idée, une échelle de ce que tu as perdu et – devant qui? devant le tribunal des honnêtes gens.

Ci-joint la fameuse gravure représentant le Président Lars. Je n'ai pas pu l'acheter à part, et j'ai donc acheté les œuvres complètes de Claudius d'où je l'ai arrachée, et j'ai jeté le reste; car comment oserais-je t'encombrer d'un cadeau qui pour le moment ne peut pas t'intéresser, mais comment pourrais-je négliger la moindre chose qui, ne serait-ce que pour un moment, pourrait t'être agréable? comment me permettre d'encombrer une situation de choses qui ne la regardent pas? La nature connaît une telle prolixité, ainsi que l'homme asservi aux choses temporelles, mais toi, ma Cordélia, dans ta liberté, tu la haïras.

Ton JOHANNES.

Le printemps est bien la plus belle époque de l'année pour tomber amoureux – et la fin de l'été la plus belle pour arriver au but de ses désirs. Il y a dans la fin de l'été une mélancolie qui répond entièrement à l'émotion qui vous pénètre en pensant à la réalisation d'un désir. Aujourd'hui j'ai moi-même visité la maison de campagne où Cordélia dans quelques jours trouvera une ambiance en harmonie avec son âme. Je ne désire pas moi-même être témoin de sa surprise et de sa joie, de telles pointes érotiques ne serviraient qu'à affaiblir son âme. Etant toute seule elle s'y abandonnera comme en un rêve, et partout elle verra des allusions, des signes, un monde enchanté, mais tout perdrait sa signification si j'étais à côté d'elle, et lui ferait oublier que l'heure est passée où nous aurions pu jouir en commun de ces choses-là. Cette ambiance ne doit pas entraver son âme comme un narcotique, mais sans cesse l'aider à s'évader, puisqu'elle la dédaignera comme un jeu sans intérêt par rapport à ce qui doit venir. J'ai l'intention de visiter moi-même ce lieu plusieurs fois pendant les jours qui restent et ceci afin de garder mon entrain.

Ma Cordélia!

Maintenant, c'est le cas de le dire, je t'appelle la mienne, car aucun signe extérieur ne me rappelle ma possession. – Bientôt, en t'appelant ainsi, ce sera la pure vérité. Et serrée dans mes bras, quand tu m'enlaceras dans les tiens, nous n'aurons besoin d'aucun anneau pour nous rappeler que nous sommes l'un à l'autre, car cette étreinte n'est-elle pas un anneau plus réel qu'un signe? Et plus il nous tient étroitement enlacés et nous liera indissolublement, plus grande sera notre liberté, car ta liberté sera d'être à moi, comme la mienne sera d'être à toi.

Ton Johannes.

Ma Cordélia!

A la chasse Alphée s'éprit de la nymphe Aréthuse. Elle ne voulut pas lui prêter l'oreille mais s'enfuit sans cesse, jusqu'à ce que sur l'île Ortygie elle fût changée en source. Alphée en eut tant de chagrin qu'il fut lui-même changé en un fleuve de l'Elide, dans le Péloponnèse. Mais il n'oublia pas son amour et s'unit sous la mer à cette source-là. N'est-ce plus le temps des métamorphoses? Réponse : n'est-ce plus celui de l'amour? A quoi comparer ta pure et profonde âme, sans liens avec le monde, si ce n'est à une source? Ne t'ai-je pas dit que je suis comme un fleuve pris d'amour? Et maintenant que nous sommes séparés, ne dois-je pas me jeter sous les flots pour être uni à toi? Sous la mer nous nous rencontrerons encore, car ce n'est que dans ces profondeurs que nous nous appartenons.

Ton JOHANNES.

Ma Cordélia!

Bientôt, bientôt tu es à moi. A l'heure où le soleil ferme ses yeux qui épient, quand l'histoire est terminée et que les mythes prennent vie, je ne me drape pas seulement de ma cape, mais de la nuit aussi, et je vole vers toi, et pour te trouver je ne guette pas tes pas, mais le battement de ton cœur.

Ton JOHANNES.

Ces jours-ci où je ne peux pas être personnellement auprès d'elle quand je le veux, j'ai craint qu'elle ne se mette parfois à penser à l'avenir. Jusqu'ici cela n'a pas été le cas, car j'ai trop bien su l'étourdir par mon esthétique. On ne peut rien s'imaginer de moins érotique que ces papotages au sujet de l'avenir, qui naissent surtout parce qu'on n'a actuellement rien de mieux pour se préoccuper. Mais près d'elle je ne crains rien à cet égard non plus, je saurais bien lui faire oublier le présent, aussi bien que l'éternité. Si on ne sait pas à un tel point se mettre en rapport avec l'âme d'une jeune fille, mieux vaut ne jamais se laisser aller à vouloir séduire, car il sera alors impossible d'éviter ces deux écueils : d'être questionné sur l'avenir et catéchisé sur la foi. C'est pourquoi il est tout naturel que Marguerite dans *Faust* soumette Faust à un tel petit examen, parce qu'il a eu l'imprudence de se montrer galant, et qu'une jeune fille est toujours armée contre une telle attaque.

Je crois que tout à présent est prêt pour sa réception; l'occasion ne lui manquera pas d'admirer ma mémoire ou, plutôt, elle n'en aura pas le loisir. Rien de ce qui pourrait avoir de l'importance pour elle n'a été oublié, mais rien n'y a été mis qui pût me rappeler directement et, pourtant, je suis partout invisiblement présent. L'effet dépendra beaucoup de sa manière de regarder le tout la première fois. Mon valet a pour cela reçu les instructions les plus précises, et il est à sa façon un virtuose accompli. S'il en a reçu l'ordre il sait jeter une remarque comme par hasard et tout négligemment, ainsi que faire l'ignorant, bref il est pour moi sans prix. – C'est un site comme elle l'aimerait. Du milieu de la pièce le regard se porte des deux côtés par-delà le premier plan vers l'infini de l'horizon, on est tout seul dans le vaste océan de l'air. Si on s'approche d'une suite de fenêtres on voit au loin à l'horizon une forêt s'élever en voûte comme une couronne qui limite et cerne le site. Et c'est parfait, car l'amour aime – quoi? – un enclos, le paradis lui-même n'était-il pas un enclos, un jardin vers l'orient? – Mais il se resserre trop autour de vous ce cercle – on avance vers la fenêtre, un lac tranquille se cache humblement entre les abords plus élevés – sur sa rive une barque. Un soupir du cœur, un souffle de la pensée inquiète – la barque se détache de ses chaînes et glisse sur le lac, doucement bercée par les tendres souffles d'une nostalgie sans nom; on disparaît dans la solitude mystérieuse de la forêt, bercé par la surface du lac qui rêve des ombres profondes de la forêt. – On se retourne de l'autre côté et c'est la mer qui se répand devant les yeux que rien n'arrête, poursuivis par la pensée que rien n'arrête. – Qu'aime l'amour? l'infinité. – Que craint l'amour? des bornes. – Derrière le grand salon se trouve une pièce plus petite, ou plutôt un cabinet, car ce que cette pièce-là chez les Wahl faillit être, celle-ci l'est. La ressemblance est frappante. Une natte couvre le parquet, devant le sopha il y a une petite table à thé avec une lampe, pareille à celle de là-bas. Tout y est semblable,

mais plus luxueux. Je pense pouvoir me permettre cette petite retouche à la pièce. Dans le
salon se trouve un piano très simple, mais
rappelant celui de chez les Jansen. Il est
ouvert, avec, sur le porte-musique, le même
petit air suédois. La porte donnant sur l'entrée
est entrebâillée. Elle entrera par cette porte
du fond, Johan en a été instruit, ainsi au
moment même où il l'ouvrira, elle apercevra à
la fois le cabinet et le piano – l'illusion est
parfaite. Elle entre dans le cabinet, et je suis
sûr qu'elle sera contente. En jetant son regard
sur la table elle y trouvera un livre mais, à
l'instant même, Johan le prendra pour le ran-
ger, en disant d'une façon accidentelle : Monsieur a dû l'oublier là ce matin. Ainsi, d'abord,
elle saura que j'y ai été le matin même et,
ensuite, elle voudra examiner le livre. C'est
une traduction allemande de la fameuse
œuvre d'Apulée : *Amour et Psyché*. Ce n'est pas
un ouvrage poétique, mais il n'en faut pas non
plus, car l'offre d'une vraie œuvre poétique à
une jeune fille est toujours une injure, parce
que cela implique qu'à un tel instant elle ne le
serait pas elle-même assez pour boire la poésie cachée immédiatement dans la réalité et
qui n'a pas d'abord été corrodée par la pensée
d'un autre. Généralement on n'y pense pas et,
pourtant c'est ainsi. – Elle voudra lire ce livre
et c'est ce que je veux. – En l'ouvrant à la
dernière page lue, elle y trouvera une petite

branche de myrte, qui lui dira plus qu'un simple signet.

Ma Cordélia!

Que crains-tu? En nous soutenant l'un l'autre nous sommes forts, plus forts que le monde, plus forts que les dieux eux-mêmes. Tu sais que jadis il y avait sur la terre une race, humaine il est vrai, mais dont chaque élément se suffisait à lui-même et ne connaissait pas l'union intime de l'amour. Leur puissance pourtant fut grande, si grande qu'ils voulurent donner l'assaut au ciel. Jupiter craignait cette race et fit de chacun de ses éléments un couple, homme et femme. S'il arrive parfois que ce qui fut jadis uni se réunit à nouveau en amour, une telle union est plus forte que Jupiter; ils sont alors non seulement aussi forts que chacun des éléments, mais plus forts encore, car l'union de l'amour est une unité supérieure.

Ton JOHANNES.

Le 24 septembre.

La nuit est calme – il est minuit moins le quart – le veilleur de nuit d'Oesterport sonne sa bénédiction sur le pays, et la Blegdam en renvoie l'écho – il rentre dans son corps de garde en sonnant à nouveau et l'écho en arrive de plus loin encore. – Tout dort en paix, sauf l'amour. Levez-vous donc, puissances mystérieuses de l'amour, rassemblez-vous dans cette poitrine! La nuit est silencieuse – seul un oiseau interrompt ce silence avec son cri et son coup d'aile en passant au ras du glacis gazonné tout humide de rosée : lui aussi sans doute se hâte à un rendez-vous – *accipio omen!* Comme toute la nature est remplie de présages! Je tire des présages du vol des oiseaux, de leurs cris, des ébats des poissons à la surface de l'eau, de leurs fuites dans les profondeurs, d'un aboiement au loin, du tinta-marre lointain d'une voiture, de l'écho d'un pas venant du loin. Je ne vois pas de fantômes à cette heure de la nuit, je ne vois pas ce qui appartient au passé, mais le sein du lac, l'hu-mide baiser de la rosée, le brouillard qui se répand sur la terre et cache son étreinte féconde me montrent ce qui doit venir. Tout est image, je suis mon propre mythe, car n'est-ce pas comme un mythe que je vole à cette rencontre? Mais qu'importe qui je suis; j'ai oublié toutes les choses finies et temporel-les, seul l'éternel me reste, la puissance de l'amour, son désir, sa béatitude. – Comme mon âme est tendue comme un arc et mes pensées prêtes au vol comme les flèches d'un carquois, non pas envenimées et pourtant bien capables de se mêler au sang. Que de force, de santé et de joie en mon âme, présente comme un dieu! – La nature l'avait faite belle. Je te remercie, toi, nature prodigieuse. Comme une mère, tu as veillé sur elle. Merci pour ta sollicitude. Elle était inaltérée, et je vous en remercie, vous tous à qui elle le doit. Son développement est mon œuvre – bientôt je récolterai la récompense. – Que n'ai-je accumulé pour ce seul instant qui s'annonce? Mort et damnation, si j'en étais privé!

Je ne vois pas encore ma voiture. – J'entends le claquement d'un fouet, c'est mon cocher. – Allez vite, pour la vie et la mort, les chevaux dussent-ils s'effondrer, mais pas une seconde avant l'arrivée.

Le 25 septembre.

Pourquoi une telle nuit ne dure-t-elle pas plus longtemps? Alectryon a bien pu s'oublier, pourquoi le soleil n'a-t-il pas assez de pitié pour faire comme lui? Tout est fini pourtant, et je ne désire plus jamais la voir. Une jeune fille est faible quand elle a tout donné, – elle a tout perdu; car l'innocence chez l'homme est un élément négatif, mais chez la femme c'est l'essence de sa nature. A présent toute résistance est impossible, et il n'est beau d'aimer que tant qu'elle dure, lorsqu'elle a pris fin, ce n'est que faiblesse et habitude. Je ne désire pas me souvenir de nos rapports; elle est

251

déflorée et nous ne sommes plus au temps où le chagrin d'une jeune fille délaissée la transformait en un héliotrope. Je ne veux pas lui faire mes adieux; rien ne me dégoûte plus que les larmes et les supplications de femme qui défigurent tout et qui, pourtant, ne mènent à rien. Je l'ai aimée, mais désormais elle ne peut plus m'intéresser. Si j'étais un dieu je ferais ce que Neptune fit pour une nymphe, je la transformerais en homme.

Comme il serait donc piquant de savoir si on peut s'évader des rêveries d'une jeune fille et la rendre assez fière pour qu'elle s'imagine que c'est elle qui en a eu assez des rapports. Quel épilogue passionnant, qui au fond présenterait un intérêt psychologique et en outre pourrait vous offrir l'occasion de beaucoup d'observations érotiques.

DU MÊME AUTEUR

Aux Éditions Gallimard

29 - l'angoisse

78 - poésie + farceur
80 - le souvenir

109 - liberté

Impression Brodard et Taupin
à La Flèche (Sarthe),
le 22 août 1989.
Dépôt légal : août 1989.
Numéro d'imprimeur : 1549B-5.
ISBN 2-07-032516-3 / Imprimé en France.

46832